Las estrategias del prologuista

Cuadernos de la Fundación Francisco Ayala, 15

Primera edición: 2023

© De los textos de Francisco Ayala: Elizabeth Carolyn Richmond de Ayala
© Del estudio preliminar: José-Carlos Mainer
© Fundación Francisco Ayala / Editorial Universidad de Granada

ISBN: 978-84-338-7268-5
Depósito Legal: GR 1624-2023
Diseño de la colección: Juan Vida
Fotocomposición e impresión: Imprenta del Arco, Granada
Impreso en España / Printed in Spain

Las estrategias del prologuista

13 prólogos de Francisco Ayala a su obra

Estudio preliminar de
José-Carlos Mainer

Fundación Francisco Ayala

Editorial Universidad de Granada

2023

Índice

Francisco Ayala en sus prólogos:
retratos y avisos*

José-Carlos Mainer

En un ensayo de título feliz, Gérard Genette ha recordado la importancia de la «instance préfacielle» en la organización de un libro.[1] El umbral es, por supuesto, un lugar físico singular: es un espacio de tránsito y una frontera muy permeable entre lo exterior y lo interno, entre el mundo de un lector todavía potencial y de un autor que todavía no ha ejercido su *auctoritas* (aunque el prólogo suela escribirse después de concluido el texto íntegro, claro...). Muy a menudo, el prólogo prolonga el discurso previo del escritor –el establecido por sus libros anteriores–, pero tampoco es infrecuente que corresponda ya al que se está gestando en sus proyectos de futuro. Tiene, por último, mucho de personal, de marca individual de un territorio propio que el lector va a recorrer como invitado, pero, a la vez, suele tener no poco de maniobra mercantil que quiere garantizar al hipotético consumidor que va a entrar en

---

* Publicado originalmente en *Prosa y poesía. Homenaje a Gonzalo Sobejano*, Madrid, Gredos, 2001, págs. 241-254.

1. Gérard Genette, *Seuils*, París, Seuil, 1987, págs. 150-270. En la bibliografía española sobre el tema destaca un título de Alberto Porqueras Mayo que Genette cita con aprecio y que es una de las notables piezas de los estudios estilísticos españoles de su tiempo: *El prólogo como género literario. Su estudio en el Siglo de Oro español*, Madrid, Consejo Superior de Investigaciones Científicas, 1957.

dominios que serán en adelante de su propiedad y satisfacción. Como Genette apunta, ya de modo más concreto, un prefacio sirve para afirmar la novedad de un texto, su unidad interna –a despecho de la dispersión aparente de su contenido– y su *veracidad*, ya que la *verdad* no suele ser cosa que pueda pretender la literatura. Informa al lector de la génesis del libro, comenta el alcance de su título, explicita el «contrato de ficción» que establece, lo sitúa en relación con el contexto histórico que comparte con sus destinatarios y aclara, en fin, el porqué del género elegido.

Como en seguida tendremos oportunidad de ver, los numerosos prólogos de Francisco Ayala a sus obras –muy pocas son las que no los tienen– cumplen a plena satisfacción todas las previsiones del crítico francés. Los prefacios a los relatos de *La cabeza del cordero* y *Los usurpadores* (ambos en 1949) son ejemplos perfectos de cómo ilustrar la unidad simbólica de volúmenes solo aparentemente hete- rogéneos. Un prólogo como el de *Confrontaciones* (1972) –miscelánea de entrevistas, testimonios y artículos– y el de *Mis páginas mejores* (1965) son muestras de certificaciones de veracidad: la literatura aparece allí como fruto genuino de la experiencia vital. Cualquiera de las introducciones a los libros de narraciones de 1949, ya citados, son muestra de explicación genética de su contenido y *Los usurpadores* expone muy bien la sintética intención de su título. El episodio que actúa como umbral prologal de *El rapto* (1965) emplaza de maravi- lla un peculiar «contrato de ficción» muy típico de Ayala: la mezcla inextricable de experiencia personal y creación literaria que sigue, en la que subyace –sin explicitarse– una experiencia de lector.[2] Los dife-

---

2. La «Introducción» –impresa en cursiva para subrayar su marginalidad respecto al texto narrativo– está contada en primera persona por un autor que, a todos los efectos, apunta al propio Ayala: exiliado español en América y pro- fesor de sociología, ha acudido a Münster para un congreso sobre el desarrollo

rentes prefacios a los libros sociológicos (pienso en *Razón del mundo*, 1944, y su prólogo de 1962) se detienen con eficacia a clarificar el contexto histórico del que surgieron, mientras que las notas que anteceden a los volúmenes que compilan trabajos de crítica literaria (*Las plumas del fénix*, 1989) suelen ser ámbitos de aguda reflexión sobre los motivos de la elección del género literario, especialmente en lo que toca a lo narrativo.

Pero la «instance préfacielle» no es solamente una activa oficina de información colocada a la entrada de un libro. Forma parte del juego literario y se complace también en rebotar sobre el sentido de este. No es el autor el único en hacer trampa: si él suele escribir su prólogo a la vista de un libro que ya ha escrito, también el lector vuelve al prefacio después de la lectura porque sabe que entonces entenderá mejor las advertencias o las alusiones, las anticipaciones, los guiños, las pistas falsas o las ocultaciones que el prólogo incluía. El prefacio es como una segunda oportunidad de la autoría que se ejerce

----

en Latinoamérica y con una punzante curiosidad por el reciente y llamativo fenómeno de la emigración de trabajadores españoles a Europa. Su curiosidad queda satisfecha cuando, en el viaje de regreso, coincide en el tren con algunos de ellos y la conversación surge tan espontánea como ilustrativa. Precisamente, el momento más revelador –y final de su relato– para el narrador sucede cuando comprueba lo lejana que está para sus interlocutores la guerra civil que fue el origen de su apartamiento (antes, en el ayuntamiento de la ciudad ha tenido otra significativa experiencia «histórica»: los velones que lo alumbran le han hecho pensar que «estuviéramos velando el cadáver del Imperio español» en el mismo lugar donde se firmó la paz de Westfalia). Pero de ahí se salta abruptamente a una historia de emigrantes españoles en torno a un pleito de honor que, como señalaron en su día Alberto Sánchez, Rosario Hiriart y Keith Ellis, utiliza –sin mentar la fuente– la trama de la historia de los cabreros (*Quijote*, I, LI). Sobre la importancia de los prólogos en la economía de la comunicación de Ayala llamé ya la atención en el estudio preliminar de mi edición de *Muertes de perro*, Barcelona, Vicens-Vives, 1993, págs. IX-XLIV (especialmente, X-XII).

con plenitud cuando se prologa una nueva edición, pero que tampoco es forzosamente ajena a la autoría de estreno. Y tiene mucho de envite donde se establecen las pautas del juego más grande que seguirá, o donde se ratifica quién es, a fin de cuentas, el que reparte la suerte.

Las estrategias del prologuista: Cervantes, Unamuno, Ayala

Francisco Ayala, que es un prologuista consumado y muy consciente de todas estas posibilidades, conoce muy bien sus antecedentes españoles. Cervantes ha sido, sin duda, el mejor de nuestros prologuistas y, en un artículo hermosísimo, Américo Castro vio cómo en nuestros prefacios el «artista se adentra en sí mismo, con heroicidad no menor que la de un Montaigne o un Descartes al recluirse en la torre o estufa de sus pensamientos. Cierto que Cervantes no lo hizo para discurrir filosóficamente, sino para organizar sus imaginaciones e ironías, y la actitud frente al mundo implícita en ellas», en lo que alcanza a «ostentar una firmeza próxima a la arrogancia».[3] Sorprende, sin embargo, comprobar la torpeza del prólogo de la *Primera parte de la Galatea* (1585), enderezado a los «curiosos lectores», donde la justificación y defensa de «escrebir églogas» se mezcla con los tópicos más manidos acerca de un primer libro que no es nada precoz. Porque veinte años después, ¡qué distinto el prólogo al *Quijote* de 1605 que se atreve ya con un concreto «desocupado lector», para envolverle entre bromas la obligada *captatio benevolentiae* a propósito

---

3. «Los prólogos al *Quijote*», *Hacia Cervantes*, Madrid, Taurus, 1960, págs. 232-323.

de un libro engendrado en la cárcel y para luego burlarse de toda la retórica de cuantos prólogos han sido, por boca de un amigo locuaz! Unos años más tarde, al prologar las *Novelas ejemplares* (1613), Cervantes –que quisiera excusarse del trance de prefaciar porque no le fue muy bien en 1605, a lo que dice– se las arregla para suplir el grabado que echa de menos con un retrato físico y moral en prosa que se ha hecho proverbial. En los dos prólogos de 1615 (*Ocho comedias y ocho entremeses* y segundo *Quijote*) lo mismo sabe trazar una historia del teatro español en su vivaz recuerdo personal, como cargar sobre la memoria del turbio Avellaneda los dos cuentos «de loco y de perro» que tanto debieron escocerle. Y en 1616, al prologar el *Persiles*, dueño ya de todos los recursos de su estilo, satisfecho sin duda de su gracejo, se limitó a narrar complacidamente una escena de abolengo quijotesco –el encuentro del autor con un lector entusiasta, el «estudiante pardal»– que ha de dar paso a la más hermosa y añorante de las despedidas, eco de la que contiene la misma dedicatoria al Conde de Lemos.[4]

---

4. Sobre los prólogos cervantinos, cf. Mario Socrate, *Prologhi al «Don Quijote»*, Venecia, Marsilio, 1974; Elias Rivers, «Cervantes' Art of Prologue», *Estudios literarios dedicados a H. Hatzfeld*, Barcelona, Hispam, 1974, págs. 167-171; Jean Canavaggio, «Cervantes en primera persona», *Journal of Hispanic Philology*, II, 1977, págs. 35-44; Alberto Porqueras Mayo, «En torno a los prólogos de Cervantes», en *Cervantes, su obra y su mundo*, Madrid, ed. M. Criado del Val, Edi-6, 1981, págs. 75-86; Alberto Sánchez, «El prólogo del primer *Quijote*», *Magister*, II (1984), págs. 11-23, y «El prólogo del *Quijote* de 1615», *Homenaje a Alonso Zamora Vicente*, III, 2, Madrid, Castalia, 1992, págs. 325-339; José Manuel Martínez Torrejón, «Creación artística en los prólogos de Cervantes», *Anales Cervantinos*, XXIII, 1985, págs. 161-193, y María Teresa Herráiz, «Humor y muerte en el prólogo del *Persiles*», *Criticón*, XLIV, 1988, págs. 55-59. Sobre la relación de nuestro escritor con el autor del *Quijote*, cf. Carmen Escudero Martínez, *Cervantes en la narrativa de Francisco Ayala*, Publicaciones de la Universidad de Murcia, 1988.

Agudo lector de Cervantes, Ayala usará alguna vez artificios parecidos. La confesión –entreverada de coquetería– de los muchos años cumplidos es rasgo que nuestro autor reitera incluso enfáticamente en sus últimos prefacios: «Llegado a este punto y hora de mi vida…», comienza, por ejemplo, el de *Narrativa completa;*[5] «Cuando se tiene la edad que tengo yo, colocarse ante la perspectiva de la venidera centuria equivale un poco a detenerse como Moisés a contemplar desde lejos la tierra de Canaán…», empieza «A manera de prólogo: Un escritor se asoma al final de siglo», en *El escritor en su siglo.*[6] Aunque lo cierto es que ya encontramos esa misma apelación a la edad cumplida, como una invitación a la madurez de juicio pero escrita, sin embargo, cuando el escritor frisaba en la cuarentena, justo al inicio del prólogo a *La cabeza del cordero*: «A los veinte años, uno escribe porque le divierte, y ¿para qué más justificación? A los cuarenta, ya es otra cosa: hay que pensarlo».[7] No acaban ahí los ecos de los prefacios cervantinos. Aquel conocido juego del prólogo a la primera parte del *Quijote* –eludir la presión de la retórica y la erudición al uso conjurándola con las bromas que Cervantes pone en boca de su amigo– parece tener algo que ver con un texto, «El viaje como metáfora de la vida humana», que, fechado en 1991, procede en realidad de *El tiempo y yo, o El mundo a la espalda*, pero que, apostillado «A la manera de introducción», ha pasado a ser prólogo de *De mis pasos en la*

---

5. *Narrativa completa*, Madrid, Alianza, 1993, pág. 11.
6. *El escritor en su siglo*, Madrid, Alianza, 1990, pág. 11.
7. *La cabeza del cordero*, en *Narrativa completa*, ed. cit., pág. 457. Sobre la afición ayaliana a que su prosa «rebote» en obras de otros escritores, cf. Rosario Hiriart, *Las alusiones literarias en la obra narrativa de Francisco Ayala*, Nueva York, Eliseo Torres and Sons, 1972, págs. 19-153.

tierra (1996). Ayala comienza por mostrarse muy compungido ante la magnitud del empeño presente en el título... que él mismo acaba de elegir: «Para tratarlo con profesoral seriedad hubiera tenido que acopiar materiales de una erudición... barata, es cierto, pero demasiado vasta».[8] Pero ¿de cuándo a acá se paga el autor de «seriedad profesoral»? De hecho, lo que a continuación sigue ilustra con ejemplos literarios el vigor de la imagen y se suceden al propósito Antonio Machado, Miguel de Cervantes, Jonathan Swift, Agustín de Rojas Villandrado y hasta la mención indirecta de Xavier de Maistre en la antonomasia implícita en la cita de *Voyage autour de ma chambre*. Que en seguida y recordando su exilio, Ayala asocia con el *Voyage au bout de la nuit* (Céline en este caso), antes de identificar su regreso del destierro con el título lopesco de *El peregrino en su patria*. «Que el lector me perdone –acaba Ayala– por haber acudido a mi propia experiencia viajera para ilustrar esa metáfora perenne. Era, al fin y al cabo, lo que más a mano tenía».[9] ¿No parece todo esto un divertido eco de quien, habiendo afirmado su poca sabiduría, tiene a mano textos –aunque bien comunes– de la Biblia, Catón, Horacio, León Hebreo o Fray Antonio de Guevara, y al final considera que de poco han de servir a su libro, sátira de otros de los que «nunca se acordó Aristóteles, ni dijo nada San Basilio, ni alcanzó Cicerón»?

Podría pensarse también que la habitual práctica ayaliana de condensar en unas líneas su trayectoria de escritor, bifurcada en la creación y el ensayo, ponderando al paso la significación de sus hallazgos, resulta un eco de la clara conciencia artística (no exenta de patética jactancia) con que Cervantes afirmaba ser el primero

---

8. *De mis pasos en la tierra*, Madrid, Alfaguara, 1996, pág. 15.
9. *Ibidem*, pág. 19.

que había novelado en lengua castellana (*Ejemplares*) y el primero que dividió las comedias en tres actos y «representasse las imaginaciones y los pensamientos escondidos del alma, sacando figuras morales al teatro» (*Ocho comedias y ocho entremeses*), o con la que anuncia una y otra vez la próxima aparición del *Persiles* o de las desconocidas *Semanas del jardín*. Pero incluso aquel precioso momento del prefacio a las *Novelas ejemplares* que sirve para trazar –como hipotética leyenda de un retrato imaginario– el rostro vivo del autor, tiene un eco en la obra ayaliana. En el prólogo a la edición conjunta de sus memorias, *Recuerdos y olvidos*, Ayala recuerda paladinamente aquel paso del texto cervantino y lamenta que no podamos cotejar el perdido retrato que hizo Jáuregui con el retrato moral que nos dejaron de su autor las líneas que escribió, ya que toda literatura es una imagen de quien la escribió. Pero el hilo de la reflexión le lleva –por el camino de la accesibilidad de la imagen que hoy nos ofrece la fotografía– a hablar de un retrato propio. Se lo hizo un fotógrafo profesional cuando convalecía en 1985 de una grave enfermedad y ahora lo ha visto ampliado y enmarcado en una pared de la casa de Carolyn Richmond. Sin embargo, el autor no tiene la mezcla de burla y de piedad para consigo mismo con que Cervantes se presenta ante nosotros en la leyenda de su grabado. La fotografía de Ayala es «un espejo terrible […] Está hablando, lo dice todo. Es implacable, es atroz. A ella asoma un hombre caduco que, desde el abismo de una vejez irremediable, mira el mundo con desengañada clarividencia, y ya no espera nada, no desea nada, no quiere nada. Es la imagen de una desolación definitiva». Y, sin embargo, el entreveramiento de crueldad o compasión, tan de Cervantes, lo cumple aquí el recuerdo de otro retrato, este a plumilla, realizado por el pintor Zamorano: «La imagen de un hombre muy maduro, serio, severo, sí, desde luego; pero con una gravedad complaciente y comprensiva, entre irónica y dulce; la imagen de alguien que no se deja engañar con ilusiones, aunque tampoco está dispuesto a dejarse derrotar».[10] ¿Se habla de Cervantes o de Ayala?

No fue Cervantes el único prologuista que recuerda nuestro escritor. Miguel de Unamuno fue también otro empecinado autor de prefacios, sin duda porque concibió la literatura como un diálogo incesante consigo mismo y con el lector. La estructura de su fascinante testimonio *Cómo se hace una novela* (1926) es, a fin de cuentas, algo más que un juego de «cajas chinas» como quiso su autor: es una sucesión de prólogos que envuelven otros. Unamuno traduce y prefacia a su prologuista Jean Cassou, la narración misma es como un prólogo a la verdadera novela de U. Jugo de la Raza y, al cabo, unas páginas epilogales nos devuelven al ámbito de los prólogos. Demostración, muy del gusto unamuniano, de que en epistemología no hay sino formas, fenómenos que fingen ser noúmenos, que «lo que llamamos fondo, surge de lo que llamamos forma», como diría otro prefacio, el de *El hermano Juan*.

Pero antes de llegar a tal extremo, Unamuno había considerado que el preliminar de *Tres novelas ejemplares y un prólogo* (1921) era también un cuarto relato y, mucho antes, había acompañado de complejas maniobras prologales sus dos primeras narraciones al modo nivolesco: *Amor y pedagogía* (1902) ostenta un prólogo de editor en que este acude en defensa del autor para justificar –lo que hace con muy escasa convicción de fondo– su aversión por la pedagogía y, en concreto, por Jenofonte y Moratín, y para acabar por recomendarle que haga imprimir sus obras siempre del mismo tamaño, que así place más a bibliotecarios y libreros. El juego de inventar un «prefacio ológrafo actorial» (así lo denomina Genette) no era nuevo, ni mucho menos, pero había de alcanzar

---

10. *Recuerdos y olvidos*, Madrid, Alianza, 1988, pág. 16.

su más cumplido desarrollo en el siguiente relato unamuniano, *Niebla* (1914). Unamuno hace comparecer como prologuista a un actor secundario de la novela, Víctor Goti, que conoce muy bien a un personaje del anterior relato –el maestro Fulgencio Entrambos-mares– y quien empieza por confesar que «se empeña don Miguel de Unamuno en que ponga yo un prólogo a este su libro» y acaba por revelarse, sin embargo, como un más que mediano intérprete de la poética narrativa del autor (allí, por ejemplo, se formula la teoría del «bufo trágico», se explica el término «nivola» o se confirma la devoción del autor por la trinidad poética que forman Sénancour, Antero de Quental y Leopardi). ¿No hay un singular engarce entre las palabras autojustificativas de Víctor Goti («parecerá extraño a algunos de nuestros lectores que sea yo, un perfecto desconocido en la república de las letras españolas, quien prologue un libro de don Miguel, que es ya ventajosamente conocido en ella»)[11] y la expresión de Francisco de Paula A. G. Duarte, prologuista ficticio al frente de *Los usurpadores*, de Francisco Ayala, cuando dice que «no es esta la primera vez que un escritor ya reputado encarga a otro, menos conocido que él, de presentar al público un libro nuevo»?[12] Está claro que el antecedente más cercano del Duarte ayaliano es el Goti

---

11. *Niebla*, ed. M. J. Valdés, Madrid, Cátedra, 1982, pág. 97. La mejor inter-pretación de la función de los textos prologales –y epilogales– en este relato de Unamuno (con amplia discusión bibliográfica), en el reciente libro de Bénédicte Vauthier, *«Niebla» de Miguel de Unamuno: a favor de Cervantes, en contra de los cervantófilos. Estudio de narratología estilística*, Neuchâtel, Peter Lang, 1999, especialmente págs. 90-100 y 149-170.

12. *Los usurpadores*, en *Narrativa completa*, ed. cit., pág. 341. Cf., al respecto de ese prólogo, las notas de Carolyn Richmond, «La autocrítica del crítico Ayala en el prólogo a *Los usurpadores*», en *Francisco Ayala, teórico y crítico literario. Actas del simposio celebrado en Granada* (1991), ed. A. Sánchez Trigueros y A. Chicharro Chamorro, Diputación Provincial de Granada, 1992, págs. 125-131.

unamuniano, pero el juego no es lo mismo en uno y otro escritor. Víctor Goti pertenece al mundo mismo de *Niebla* y aquel «oscuro periodista y archivero municipal de la ciudad de Coimbra» no está presente en la colección de cuentos, por lo que llegó a engañar a algún crítico poco avisado que no había advertido que su nombre era exactamente el mismo que el del autor: Francisco de Paula Ayala García-Duarte (¿pero no hizo lo mismo Unamuno al crear a U. Jugo de la Raza con la inicial de su apellido y los de su madre y abuela materna?). Lo que importa en todo caso –y volveremos sobre ello– es que tanto Goti como Duarte son dos prologuistas solventes y que el prefacio a *Los usurpadores* es, a despecho de su condición alógrafa, uno de los textos capitales de la poética ayaliana, como lo es en el caso unamuniano el prólogo de *Niebla*. A la altura de 1932, don Miguel, que había puesto a *Niebla* un «Postprólogo» propio y una «Oración fúnebre por modo de epílogo» que piensa Orfeo, el perro de Augusto Pérez, rendía el mejor homenaje a sus colaboradores de ficción; en el «Prólogo a esta tercera edición, o sea historia de *Niebla*» escribía: «La primera edición de esta obra –¿mía solo?– apareció en 1914…».[13]

El placer intelectual de la variedad

Los dos prólogos de 1949 –a *Los usurpadores* y a *La cabeza del cordero*– arrancan de un mismo propósito: justificar ante el lector lo que el autor gusta llamar su «ambigüedad». Que no lo es de sentido sino de imagen. El apócrifo Duarte subraya en el primero que el escritor «ha hecho interpolar en estos decenios ensayos muy abundantes

---

13. *Niebla*, ed. cit., pág. 86.

de teoría política y hasta un muy voluminoso *Tratado de Sociología*, eso, por más que de vez en cuando templara tan áridas elucubraciones con trabajos de crítica literaria», por lo que quizá «perturba la imagen que el público tiene derecho a formarse –y, más hoy, en que prevalece el especialismo– de cualquiera que ante sí desenvuelva su labor».[14] En el «Proemio» a *La cabeza del cordero* esa tendencia a la infidelidad parece un objetivo deliberado. El escritor no quiere hacer una «carrera literaria» constreñida a lo previsible, sino que, «al contrario, he procurado sustraerme al encasillamiento; he desdibujado adrede, una vez y otra, mi perfil público; y volviendo en mí siempre de nuevo, he renunciado a las ventajas, comodidades y tranquilo progreso que son premio de quienes, fieles a un prototipo de actuación social, ni inquietan a los demás, una vez adoptado, ni se inquietan mayormente a sí mismos».[15] Ese «volviendo en mí» –con el sentido un poco arcaico de «ofreciendo otra dimensión de mi personalidad»– y aquel desdén por los que «ni se inquietan mayormente ellos mismos» son dos expresiones que revelan con meridiana claridad que esos cambios no tienen nada de camaleonismo frívolo sino de profunda convicción íntima: la de no renunciar a nada, aunque sea a costa de prescindir de la consoladora fijeza de una imagen pública.

Cuarenta años después, en el prólogo a *Recuerdos y olvidos*, insiste en la misma voluntad: «Yo, por mí, he sido de aquellos que borran –y bien sé que en mi propio daño– los contornos de su

---

14. *Los usurpadores*, en *Narrativa completa*, ed. cit., pág. 341.

15. *La cabeza del cordero*, en *Narrativa completa*, ed. cit., pág. 457. Sobre este texto, cf. José Antonio Fortes, «Del "Prólogo" a *La cabeza del cordero*, de Francisco Ayala. Una lectura», en *Francisco Ayala, teórico y crítico literario*, ed. cit., págs. 287-299, trabajo de confusísima factura y que, a vueltas de algunas consideraciones –tan obvias como legítimas– acerca del entendimiento liberal de la guerra civil, concluye por no entender nada de la condición literaria del texto ayaliano.

figura social, quizá por sentirme en plena disponibilidad de espíritu frente al futuro, para evitar en lo posible la fatal fosilización del ser [...] Ni conservo cartas, ni guardo documentos, ni me empeño en acumular libros que no he de volver a leer, ni me afano en poseer los objetos que me agradan, ni colecciono recuerdos de ninguna clase».[16] Heráclito, doblado de Séneca y con un poquito de Diógenes, Francisco Ayala, en su importante carta a José Ramón Marra-López (reproducida en el Apéndice a esta nueva edición de sus memorias), afirmará que «no estoy solidarizado en términos vitales con mi pasado».[17] También por eso en la «Introducción» a la segunda edición de *El tiempo y yo, o El mundo a la espalda* reitera que ha sido escrupuloso en cuanto a la integridad textual de sus obras, pero «en lo que se refiere a su suerte frente al público lector, bastante descuidado» y nada amigo de «controlar con celo de propietario la propia finca literaria».[18] Quizá no esté de más recordar que este último libro se abre con un «Retrato de personaje desconocido» (1991) que, al comentar con agudeza la frecuencia de tal título en los grandes museos, reflexiona sobre el destino inevitable de que los rasgos físicos bien trasladados, la fuerza moral de muchos retratos, sobrevivan tan a menudo a la identidad de quien los tuvo en vida: «El autorretrato que yo me pinto ante mis propios ojos, ¿no resultará también un retrato de "personaje desconocido"?».[19] Pero conviene que no se pierda de vista que en el fondo del desdén por la imagen pública hay un constante empeño por precisar y explicar los pasos intelectuales de una trayectoria (y de ahí la comezón prologal que siente el escritor) y que, a lo largo de la multiplicidad de intereses,

---

16. *Recuerdos y olvidos*, ed. cit., pág. 17.
17. *Ibidem*, pág. 549.
18. *El tiempo y yo, o El mundo a la espalda*, Madrid, Alianza, 1992, pág. 11.
19. *Ibidem*, pág. 20.

hay una profunda coherencia de fondo y un serio compromiso del autor consigo mismo. Por eso, el tan comentado prólogo a *La cabeza del cordero* no es una palinodia de su época vanguardista en tiempos de desengaño y seriedad. Cuando recuerda «la tónica de aquellos años, aquel impávido afirmar y negar, hacer tabla rasa de todo, con el propósito de construir –en dos patadas, digamos– un mundo nuevo, dinámico y brillante», no condena el pasado, porque, de hecho, sabe que obedeció también a sus propias claves históricas. Si no fuera así, ¿por qué el escritor había de reimprimir –y por dos veces– su obra creativa de vanguardia (con largos prefacios del autor de estas líneas, 1971, y de Rosa Navarro Durán, 1988) y convertir su precoz *Indagación del cinema* (1929) en la primera parte de sucesivos libros misceláneos sobre cine? El prólogo que citamos no es un nuevo «rappel à l'ordre», o si lo es, resulta un llamamiento que se pronuncia en el mismo equívoco sentido que el más famoso de Jean Cocteau en fecha tan temprana como 1923. Aburrido de que se identificara al vanguardismo con la iconoclastia, Cocteau dirigió su «allocution prononcée au Collège de France» del 3 de mayo de 1923 a los simplistas que consideran la incompatibilidad radical de formas clásicas y formas vanguardistas: «Max Jacob proposait de fonder la ligue antimoderne. J'inventai la disparition du gratte-ciel et la réapparition de la rose. Phrase mal comprise. On en fit le retour de la rose. Exactement le contraire. Il y a un moment pour boire les cocktails et un moment pour les rendre. Nous en avions trop bu, nous avions mal au cœur. Nous nous mîmes à écrire des poèmes réguliers, à bannir les mots rares, la bizarrerie, l'exotisme, les télégrammes, les afiches, et autres accessoires américains».[20]

---

20. *Jean Cocteau*, «De l'ordre considéré comme une anarchie», en *Romans. Poésies. Œuvres diverses*, París, Le Livre de Poche, 1995, págs. 531-532.

La reflexión verdaderamente importante del prólogo ayaliano es la que viene a continuación de su recuerdo de los felices años vanguardistas y que concierne al oscurecimiento de las letras españolas, si se compara la gloria de los días de preguerra y la «actual desolación». El escritor comprueba que ninguno de los sobrevivientes a la catástrofe es capaz de innovar con respecto a lo que escribieron antes de la guerra. Todos se repiten y tampoco aparece nada de relieve en una «generación cortada» pero que ya apuntaba en 1936 con muy diversas y alentadoras aptitudes: «¡qué cementerio de promesas!». Autor de dos colecciones de relatos breves en el lapso de un año, Francisco Ayala –que, sin duda, se siente muy satisfecho de su tarea– ofrece sus novedades como testimonio y ejemplo de que algo puede hacerse para romper el perplejo silencio: hablar del pasado –*Los usurpadores*– para entender las constantes del espíritu humano; diseccionar el presente histórico –*La cabeza del cordero*– para salir de la parálisis y preparar el futuro. Nada más revelador de su voluntad que las segurísimas, casi jactanciosas, líneas finales del «Proemio» al segundo volumen: «He sentido el apremio de dar expresión artística a aquellas graves experiencias, y me he puesto a hacerlo con una gran seguridad interior, con la misma firme decisión que antes, en tiempos turbios, me hizo eludir la tarea literaria en su aspecto creador».[21] No hay, en fin, arrepentimiento sino contumacia.

El escritor en su tiempo

Aquel «apremio» del autor por dar cuenta de su «experiencia» ha sido el elemento conductor de la obra toda de Ayala. Originariamente,

---

21. *La cabeza del cordero*, en *Narrativa completa*, ed. cit., pág. 464.

tal experiencia es la propia del individuo y, por eso, recordando quizá el abrupto arranque de las narraciones de pícaros, Ayala no vaciló en empezar la presentación de *Antología de cuentos* con un «nací en Granada en 1906», lo mismo que su selección de *Mis páginas mejores* del mismo año; pero la escueta fecha y sus circunstancias son simplemente una manera de emplazarse mejor en una experiencia que es colectiva, generacional (no se olvide que el *Tratado de Sociología* dedica el amplio espacio de un capítulo a la teoría de las generaciones).

Al frente de la segunda edición de *El problema del liberalismo*, el escritor consignó lo fundamental de dicha experiencia: «El intelectual, nacido y formado en el marco social de la burguesía, penetrado hasta la entraña por las convicciones radicales de esta, más o menos seducido acaso en su sentimiento y en su racionalista propensión a la idea de un orden justo por ideologías proletarias que implicaban, en el fondo, un intento de prolongación de los principios culturales de la burguesía, asistirá hoy a una crisis en la que es zarandeado y ve derrumbarse su mundo, estremecido desde sus cimientos y no ciertamente por la revolución que prometiera, a cambio de duros sacrificios, sino por una especie de conmoción casi telúrica, desencadenada por las fuerzas de la naturaleza, por el hombre en cuanto fuerza de la naturaleza, en cuanto agresivo tropel y amenazado rebaño, verdugo y víctima a un tiempo de su tropelía y de su terror».[22] El párrafo es largo y laberíntico, aunque de nervuda e impecable construcción lógica, y no olvida ni uno solo de los aspectos de la crisis de nuestro tiempo y de su vivencia por la buena fe progresista: la contradicción del pacifismo como ideología

---

22. «El problema del liberalismo», en *Hoy ya es ayer*, Madrid, Moneda y Crédito, 1972, págs. 91-92.

y la realidad de dos guerras mundiales, la estrecha relación entre la ideología histórica de Marx y la idea de progreso indefinido implícita en la revolución liberal burguesa, la irrupción de las masas como nueva categoría historiográfica de nuestro tiempo...

Otros prefacios paralelos no harán sino desarrollar algunos aspectos implícitos en estas líneas: el de *Razón del mundo* en 1962 (el texto original fue de 1944) analiza con rigor la huella del nacionalismo como clima de su generación e infiere, con no menor seguridad, la urgencia de abandonarlo en cuanto clave de la historia de España (aquí están sus espléndidas páginas acerca de las interpretaciones nacionalistas de Américo Castro y Claudio Sánchez Albornoz en *España en su historia* y *España: un enigma histórico*, respectivamente). El prólogo de *Hoy ya es ayer* –miscelánea que reúne los dos libros que se acaban de citar y *Ensayo sobre la libertad*– observa que el mundo anterior a 1914, universo más o menos pacífico e internacionalista, tuvo poco que ver «con el período que se extiende entre las dos guerras mundiales, lleno de esperanzas excesivas, de optimismo, de alegría vanguardista», o con el de la posguerra de 1945, «el de la náusea y la desesperación existencialista», y, por último, con el del reciente período de opulencia que ha mezclado el nihilismo y la vanguardia en «manifestaciones como el teatro del absurdo, el *pop-art*, más sardónico que burlesco, o los *happenings*».[23] ¿Es Ayala un *laudator temporis acti*? En algún otro lugar he subrayado la coincidencia de este su escepticismo con el del gran crítico George Steiner,[24]

---

23. *Ibidem*, pág. 12.

24. Me refiero a un libro como *In Bluebeard's Castle* (New Haven, Yale Univeristy Press, 1973), del que hay traducción española (*En el castillo de Barbazul*, Barcelona, Guadarrama, 1977). Leemos ahora en la autobiografía del crítico: «Europa, incluso Rusia, logró evitar, salvo en contadas ocasiones, las guerras

en tanto ambos, a fuer de liberales radicales, se sienten más a gusto en un siglo XIX hipócrita pero seguro, retórico pero pacífico, liberal aunque poseído de un intenso afán de socialización. Ayala no es un «optimista del pasado» (la más lamentable especie de los Pangloss) y tampoco un «optimista del futuro». Al escribir el reciente prólogo a *El escritor en su siglo* (arriba se recordaba su sorprendente arranque), vuelve a ver su obra coherentemente dividida en dos vertientes, «la del comentario encaminado a interpretar el curso de la historia donde me encuentro sumergido» y «la plasmación artística de mis intuiciones acerca de lo que puede ser la realidad esencial», lo que le ha llevado a dar muy distintos productos literarios e intelectuales. Pero hoy, y esta es una idea muy fija del Ayala más reciente, semeja que algo se mueve y posibilita una nueva evolución, tras largos años de inmovilismo: «Parecemos estar desprendiéndonos del encorseta-miento impuesto por la compartida dominación rival entre las dos "superpotencias" que se tenían repartido el mundo».[25]

Hábilmente, Ayala ha querido reservar para un «A manera de epílogo. Postrimerías de la historia» el final de sus argumentos. A la fecha, observa, se están esbozando cambios intelectuales y morales de mucho peso, «concluido ya el proceso de unificación civilizatoria del género humano en el ámbito de nuestro reducido

---

"profesionales" y localizadas entre Waterloo y 1914. Estos fueron los cien años de progreso, de florecimiento liberal-burgués, con su (relativa) seguridad en las calles, con su (relativa) libertad de creencias, de expresión y de información, hacia los que ahora volvemos la vista con incómoda nostalgia. Por su parte, la ciencia y la tecnología realizaban progresos que impulsaban de manera razonable la esperanza de que estos progresos de las naciones desarrolladas se extenderían a los mundos lejanos, de que no volveríamos a caer en la histeria colectiva, en las creencias lunáticas, en el ansia de sangre tribal» (*Errata. El examen de una vida*, Madrid, Siruela, 1997, págs. 138-139).

25. *El escritor en su siglo*, Madrid, Alianza, 1990, pág. 21.

globo terrestre, y actuando como tenemos todavía que actuar desde el seno de instituciones que fueron diseñadas al servicio del desarrollo histórico hasta aquí cumplido».[26] Tales cambios conciernen a la limitación del crecimiento demográfico, a la aceptación de la eutanasia, a la aplicación de los hallazgos de la ingeniería genética o a la previsión de las guerras locales (suscitadas habitualmente por los nacionalismos identitarios) que parecen canalizar el componente de agresividad irreductible de la sociedad humana. «¿Es que este cuento ha terminado? –se pregunta Ayala–. ¿Habrá que dar por concluida la presente historia? Quiero decir: ¿será cierto, como alguien sostiene y otros venimos sugiriendo, que la Historia –con mayúsculas– ha llegado a su fase final en nuestros días?».[27] Tales expresiones tienen un antecedente tan conocido como polémico. El extenso trabajo «The End of History?» fue publicado por el historiador norteamericano Francis Fukuyama en *The National Interest*, 1989, y ese eventual final (previsoramente puesto entre interrogantes) se cifraba en la extensión de la democracia liberal por todo el mundo, lo que cumplía, de otro modo, el mismo objetivo de final feliz que en la ideología marxista desempeñaba la sociedad sin clases: el final de los conflictos. Dos grandes movimientos lo sustentaban, la extensión de la información –llevada en volandas por la electrónica– y la evolución acelerada y universalizadora de las tecnologías, algunas de las cuales se proponían actuar sobre el futuro de la sociedad misma abriendo el camino a una posible superación de la especie humana, tal como la hemos conocido, para iniciar una etapa poshumana. La tesis de Fukuyama surgió en el seno mismo del pensamiento conservador y tiene la peligrosa costumbre de considerar los frecuentes desmentidos

---

26. *Ibidem*, pág. 521.
27. *Ibidem*, pág. 519.

de la realidad como errores marginales de un proceso imparable: la crisis de los Balcanes, el fracaso de los reajustes rusos, el hundimiento de los llamados *dragones asiáticos*, la expansión del modelo fundamentalista musulmán... No parece, sin embargo, que Ayala sueñe en ese nuevo mundo feliz. Nuestro escritor es un historicista convencido que ya vio con meridiana claridad en los años treinta la importancia del Estado como regulador de una vida económica y política que era demasiado arriesgado confiar a las fuerzas de la nación. Y que, después de 1945, señaló la necesidad de un cambio en la función del intelectual que debía atender más a los saberes concretos y útiles que a las grandes abstracciones políticas. En el sabroso prólogo de 1961 al *Tratado de Sociología* se proponía precisamente «considerar *sociológicamente* la sociología» porque la nueva ciencia no era sino la manera mediante la que el hombre occidental organizaba sus formas de conocimiento. Y definía su concepción de ella como «un saber que ilumina en su conjunto el presente histórico, como nudo vital entre el pretérito que sobre él gravita y la voluntad de futuro».[28]

¿Para qué escribimos nosotros?

En el prefacio de *Hoy ya es ayer*, Ayala animaba a «una contemplación no inhibida por traumas, temores ni embarazosos tabúes, de la realidad de lo acontecido».[29] Y en la breve página preliminar de *Contra el poder y otros ensayos*, se preguntaba: «¿Para quién escribe el escritor, cualquier escritor, si es de aquellos que al hacerlo aspiran

---

28. *Tratado de Sociología* (1947), Madrid, Aguilar, 1961, pág. XII.
29. *Hoy ya es ayer*, ed. cit., pág. 13.

a cultivar el arte literario?». Y se daba, sin vacilar, una respuesta: «Desde luego, escribe para la actualidad en la que se encuentra vitalmente instalado, para sus contemporáneos, pero con la vista puesta en futuras generaciones de lectores». Larra, concluye, nos dejó una novela histórica que apenas leen sino los especialistas y un teatro que es poco más que un dato en los manuales, «mientras que sus artículos, algunos tan datados como "La Nochebuena de 1836", mantienen una inmarcesible perennidad».[30]

Ese permanente diálogo con el presente es, sin duda, lo que exige continuas puntualizaciones y, en su caso, la frecuente suplantación de las funciones del crítico de su propia obra. En *Confrontaciones* lo explicó con desparpajo: «Lo normal, y aun lo decente, parecería ser en todo caso que el autor de novelas y narraciones diversas, tanto como el poeta, se aplique pura y simplemente a su obra narrativa, dejando a los demás la tarea de interpretarla. Eso era así; eso era "lo normal" en épocas de normalidad, cuando existía un cuerpo literario establecido, lo que en un tiempo se llamó "república de las letras"».[31] Podría pensarse que tales consideraciones se refieren únicamente a la España de 1972, cuando un Ayala recién llegado advertía las anomalías de la vida social española, los huecos que la censura dejaba en su propia imagen y, en definitiva, el hecho de no ser «un nombre desconocido por completo, sino mal conocido. Al lector le suena: ha resonado desde la distancia. Y le suena, más por su condición de exiliado que por el significado intrínseco de su obra literaria».[32] Pero lo cierto es que Ayala considera que tales anomalías son frecuentes porque la crítica de hoy no ejerce

---

30. *Contra el poder y otros ensayos*, Universidad de Alcalá, 1992, pág. 9.
31. *Confrontaciones*, Barcelona, Seix Barral, 1972, pág. XI.
32. *Ibidem*, pág. XV.

su misión fundamental, que es la de «acercar la obra de arte a la comprensión del ingenio lego»; se ha hecho jerga de grupo, más pagada de la originalidad de sus ocurrencias y de lo abstruso de sus nomenclaturas que de la claridad de sus comentarios. Y así lo escribe en el prólogo de *Las plumas del fénix*, donde traza su propio ideal de crítica y, a la vez, con palabras muy calculadas define su noción de «obra de arte en lenguaje literario»: «Me he colocado ante los textos en actitud de averiguar el proceso creador que en cada caso condujo a su autor a edificar la estructura verbal en que ellos consisten, estructura definitiva e intocable ya, pero en la que ese autor, en su intención de alcanzar un objetivo de valor estético, ha debido llegar a través de medios históricamente dados cuya utilización implica una aventura llena de hallazgos felices y también de tropiezos».[33] Si se repasa la larga cita, se advertirá que esa voluntad de apreciar el texto *in statu nascendi* implica y anuda nociones críticas nada vulgares: 1) la concepción del texto como estructura compleja de significado, 2) la apreciación de la *literalidad* –transmisión literal del mensaje, en términos de Lázaro Carreter– como presupuesto de la literatura, 3) la esencial historicidad del texto, pero sometida, en todo caso, a 4) los azarosos experimentos del laboratorio de la *literariedad*.

Hasta aquí no ha sido difícil hacer hablar juntos a preliminares de obras de creación y de obras de reflexión: en todas hay la misma última intención artística, el mismo autor. Quizá lo que con mayor convicción ha repetido Ayala en todos sus prólogos es que la literatura es la imagen del hombre que la escribe: en *Recuerdos y olvidos* asegura que «más de una vez he repetido que la biografía de un

---

33. *Las plumas del fénix. Estudios de literatura española*, Madrid, Alianza, 1989, pág. IV.

escritor consiste en sus escritos, y me refería al decirlo, no solo a aquellos que tienen que ver con la realidad inmediata donde él se encuentra inmerso [...] sino también a sus poemas, a los escritos donde vierte su recóndita intimidad o despliega sus más fantásticos ensueños» de modo que resulte «ese retrato esencial que sus escritos transparentan, dibujado en filigrana».[34] ¡Sugerente idea! En el poema «La suma», de su último libro *Los conjurados* (1985), Jorge Luis Borges evocó a un hombre que, ante una infinita pared blanca, premeditó trazar el mundo entero («puertas, balanzas, tártaros, jacintos, / ángeles, bibliotecas, laberintos, / anclas, Uxmal, el infinito, el cero») y, al fin, «en el preciso instante de su muerte / descubre que esa vasta algarabía / de líneas es la imagen de su cara».[35]

La coincidencia no creo que desagrade a Ayala... El epílogo en cursiva de *El jardín de las delicias* (fechado en Chicago, a 28 de abril de 1971) anticipa casi literalmente la imagen borgesiana: «...Ya el libro está compuesto. He reunido piezas diversas, de ayer mismo y de hace quién sabe cuántos años, las he combinado como los trozos de un espejo roto, y ahora debo contemplarlas en conjunto... Sí, cuando me asomo a ellas, pese a su diversidad, me echan en cara una imagen única, donde no puedo dejar de reconocerme: es la mía». El resto es muy muy ayaliano: «¿Para qué has escrito? –me reprocho–. ¿Para qué tenías que escribir? ¿Acaso no bastaba?... El sarcasmo, la pena negra, la loca esperanza, el amor, esa felicidad cuyo grito de júbilo decae y se extingue en el sollozo de saberse efímera, el sarcasmo otra vez, el amor siempre, con sus insoportables y deliciosas torturas de que son instrumento el reloj, el teléfono y el calendario, los oscuros silencios y la imaginación insaciable,

34. *Recuerdos y olvidos*, ed. cit., págs. 13-14.
35. *Obra poética, 3 (1975-1985)*, Madrid, Alianza, 1998, pág. 283.

todo eso, ¿no bastaba acaso con haberlo sufrido? ¿Era sensato preservarlo en un arca de palabras?».[36] Por una vez, Ayala no responde a esa pregunta que, al paso, ha consignado una excelente síntesis de su mundo (cotéjese la condición moral de sus ingredientes con la objetivación estético-metafísica de los componentes de la lista de Borges): contestemos a cambio sus lectores que sí, que verdaderamente valía la pena.

---

36. *El jardín de las delicias*, en *Narrativa completa*, ed. cit., pág. 1194. Sobre la misma cita trabaja el clarividente artículo de Carolyn Richmond, «"¿Para qué, entonces, afanarse en vano?". El acto de escribir en la obra de Francisco Ayala», en M. Á. Vázquez Medel (ed.), *Francisco Ayala: el escritor en su siglo*, Sevilla, Alfar, 1998, págs. 11-27; compruebo, demasiado tarde pero muy halagado por la coincidencia, la proximidad de sus presupuestos y los míos.

13 prólogos
de Francisco Ayala
a su obra

Confrontaciones
(Seix Barral, 1972)

Estas líneas quieren ser una explicación: quieren explicar mis reiteradas explicaciones acerca de mi propia obra literaria. El volumen al que sirven de prólogo está compuesto por varios escritos que destacan un aspecto u otro de mis invenciones, puntualizan ciertos detalles o –como en las introducciones a algunos de mis libros– procuran situar estos dentro de su adecuado contexto histórico-literario. En las entrevistas que forman su primera parte surgió, a lo largo del tiempo, repetidamente, la oportunidad de establecer conceptos y expresar opiniones que, desde particulares perspectivas, pueden aclarar a su vez los propósitos y alcance de mis fabulaciones. Y no otra es, en su conjunto, la intención del presente libro: pues también las críticas a obras ajenas que en él se incluyen iluminan por refracción las mías propias.

    ¿Qué sentido tiene ofrecer ahora, reunidos, estos trabajos, y qué sentido pudo tener en su momento el redactarlos y darlos a la publicidad? Lo normal, y aun lo decente, parecería ser en todo caso que el autor de novelas y narraciones diversas, tanto como el poeta, se aplique pura y simplemente a su obra creativa, dejando a los demás la tarea de interpretarla. Eso era así; eso era lo normal... en épocas de normalidad, cuando existía un cuerpo literario establecido, lo que en un tiempo se llamó «república de las letras», y la actividad correspondiente se ejercía dentro de una cierta organización, con sus jerarquías espontáneas, sus jueces aceptados, y un público atento y entendido. No me parece necesario insistir en el hecho: tal cuerpo literario no existe hoy; las instituciones de aquella república están disueltas, o desarticuladas, o desvirtuadas, y sus pobladores viven en la anarquía. Nunca se ha de haber escrito más literatura de ficción y, desde luego, nunca se había publicado tanta como en nuestros días; pero esa enorme balumba de letra impresa viene a caer sin discriminación en las manos de un público amorfo donde, a falta de orientaciones articuladas, las significaciones se confunden, las intenciones marran y todo se diluye en la indiferente distracción.

Ello podría constituir ya, si no justificación suficiente, disculpa al menos para el escritor que se adelanta a declarar los motivos de su creación imaginaria subrayando aquellos aspectos para él más importantes y llamando la atención no sin cierta impudicia sobre los puntos que considera haber marcado con acierto. Pero cuando ese escritor es un español de mi generación que se acerca al final de su vida tras una carrera literaria tan azarosa e irregular como las circunstancias históricas nos han forzado a seguir, ¿no será hasta un deber para consigo mismo emprender el esfuerzo, por lo demás quizá baldío, de proporcionar a quien quiera leerlos algunos esclarecimientos sobre su borrosa y desdibujada figura pública?

Por supuesto que el destino de mi generación no aflige en particular a los españoles, sino que es común a muchísimos escritores de otras lenguas y tierras, y cada cual, dentro de sus condiciones, lo ha afrontado como Dios le dio a entender. Pensemos, por ejemplo, en el caso de un Nabokov, escritor ruso que, emigrado, sigue produciendo por lo pronto dentro de los círculos connacionales del exilio para asomarse luego a la lengua francesa y por último a la inglesa, de la que a la fecha es considerado uno de los grandes maestros. También ha habido españoles que, sufriendo avatares semejantes, siguieron con varia fortuna trayectoria análoga. Sin embargo, al hallarse extendida la lengua castellana por un mundo de países políticamente independientes, nos fue posible a la mayoría, una vez segregados del nuestro por el desenlace de la guerra civil, continuar ejercitando nuestra actividad literaria sin abandono del idioma nativo frente a un público que era (y que al mismo tiempo, sutilmente, no lo era ya) el natural destinatario de nuestros escritos. En algún modo, ese supuesto «destinatario natural» había quedado destruido por efecto de dicha guerra. Si todo escritor produce su obra con referencia inmediata a una realidad social dentro de la cual vive mejor o peor integrado, y a través de la cual se dirige a la humanidad actual y futura, nosotros nos vimos privados de tal base a partir de entonces. Lo que yo hube de percibir muy pronto y formulé en forma interrogativa bajo el título de «¿Para quién escribimos nosotros?», se me ha hecho patente en grado sumo al cabo de los años mil, cuando ahora, por inevitable ablandamiento y como resultado del no más evitable cambio social, ha podido uno volver a reanudar la relación activa con su país de origen y presentar allí al público lector su extraña tarjeta de escritor exiliado. Porque (la verdad sea dicha) tras una vida que se ha desarrollado fuera de España, solo hasta cierto punto sigue uno siendo español; y, por otra parte, la realidad del país mismo es ya otra muy distinta de aquella en que uno se había formado. A decir verdad, la guerra alteró a fondo la sociedad aquella (y por eso pudo hablarse también, con razón, de un exilio interior), mientras que el transcurso del tiempo aportaría nuevos cambios que en definitiva habían de hacer muy profundo el extrañamiento de quien en aquel entonces se alejara.

Así, pues, su reencuentro con la vieja tierra ha venido a constituir una operación compleja y bastante problemática. De este asunto trataron los participantes en dos mesas redondas que no hace mucho convocó en Estados Unidos la Wesleyan University, dando lugar a que sus dificultades fueran examinadas con cierto cuidado. Muchas de esas dificultades provienen sin duda de la relatividad del «deshielo» ocurrido en España; pues si bien cabe hablar de un ablandamiento y de liberalización (y sería negarse a la realidad de los hechos el no reconocerlo), tampoco fuera bueno que nadie diera alegremente por normalizada la situación. La situación sigue siendo anómala, es contradictoria, y encierra en sus contradicciones peligrosas trampas. De un lado, resulta evidente el deseo por parte de algunos sectores oficiales de propiciar y aun promover la reincorporación de los exiliados, liquidando con ello la guerra civil; incluso está montada y en curso una política para la llamada «recuperación de cerebros» (mucho menos macabra que la recuperación de cadáveres –Falla, Juan Ramón Jiménez...– llevada antes a cabo); pero, de otra parte, las actitudes hostiles persisten, y de varias maneras operan las exclusiones, los rencores, las reservas. En suma, el intelectual español que, tras de tan prolongada ausencia, se sienta en la obligación o tenga el deseo de actuar ahora dentro del campo que las nuevas circunstancias le abren para entablar otra vez una relación activa con su país deberá hacer acopio de sutileza y discreción mayores de las que usualmente se requieren para andar por el mundo, y aun así podrá considerarse afortunado si no incurre en deslices graves.

Aparte de tales dificultades nacidas de las condiciones políticas concretas que se derivan de los antecedentes históricos, pues el pasado no puede borrarse y cada cual ha de cargar con el suyo, hay otras de carácter más general, nacidas de la ausencia misma y del mero transcurso del tiempo, que es irrecuperable. Quizá, como en mi caso, el escritor que vuelve era ya conocido cuando partió, y encuentra que, más o menos, la gente de su edad recuerda todavía su nombre. Pero la gente de su edad es a la fecha un grupo reducido y en gran medida pasivo dentro del conjunto de la sociedad española que, encerrada en sí misma durante decenios, se ha renovado y crecido en el aislamiento; de modo que quien regresa resulta ser una especie de nuevo escritor viejo, cuya presencia suscita reacciones varias.

La más superficial de esas reacciones suele ser la de curiosidad, acompañada por lo común de unas expectativas desmesuradas y, a la vez, vagas. Después de todo, el nombre del escritor en cuestión no es tampoco un nombre desconocido por completo, sino mal conocido. Al lector le suena; ha resonado desde la distancia. Y le suena, más por su condición de exiliado que por el significado intrínseco de su obra literaria. Tampoco las expectativas que su presencia despierta son en su mayoría de orden específicamente literario; y casi siempre, sean del orden que fueren, quedan defraudadas.

Pero en un nivel menos superficial, es decir, cuando a lo que de veras se atiende es a su obra de escritor, resultan predictibles también reacciones de desconcierto y el desenfoque correspondiente, porque se trata de una obra hecha sin referencia inmediata a la realidad española, realidad que el autor no ha convivido; y una obra que el lector ignora por completo, o de la que solo ha tenido atisbos fragmentarios y referencias. En mi caso personal, si bien mis escritos sociológicos estaban bastante difundidos desde años atrás entre las jóvenes generaciones españolas, de los escritos de creación imaginaria en cambio apenas eran accesibles en España algunas muestras insertas en antologías y –eso sí– copiosos comentarios críticos, incluso un libro dedicado a estudiar el arte de mis narraciones, hasta que ahora se han puesto en amplia circulación algunas de mis novelas. Todo ello, debido en gran parte a causas accidentales relacionadas con el mercado librero; mas lo que importa es que, siendo así, no huelgan en este momento las claves que yo pueda ofrecer a los lectores para que entiendan las intenciones, propósitos, alcance y recursos estilísticos de una obra que, cualquiera sea su valor, es distinta y ajena a lo que dentro de España había venido haciéndose en el terreno narrativo.

Pero –me apresuraré a advertirlo– por más que las peculiaridades de mi biografía hayan hecho especialmente anómalas mis relaciones de escritor con el público de la Península, condiciones análogas se dan también con carácter general en todo el mundo, y al comienzo quedaron en parte esbozadas las razones de ello: la vida literaria se encuentra sumida hoy en el caos por causas que, resultando obvias, sería, sin embargo, laborioso exponer con detalle. Baste mencionar de nuevo lo ya insinuado: desintegración de sus estructuras originada en los cambios que ha sufrido nuestra sociedad y debida en mucho a la revolución tecnológica que, a través de los medios de comunicación en masa, altera radicalmente los supuestos del ejercicio intelectual y del cultivo de las letras, tanto como el encuadre social de sus destinatarios.

Esta es, desde luego, una condición que afecta al mundo entero. En todas partes el escritor de tipo tradicional, que se formó bajo condiciones bien diferentes, se siente ahora extrañado –exiliado, diríamos– y como desconectado del gran público, pese al fenómeno de la fama eventual alcanzada por algunos en la sociedad de masas, pues si se analiza ese fenómeno revelará en seguida su índole equívoca e irremediable falacia.

Ahora bien, estas condiciones generales se complican todavía para el escritor de lengua española por el hecho de hallarse dividido su ámbito lingüístico en una gran pluralidad de países que, obligando a multiplicar los esfuerzos más allá de lo que en principio parecería razonable, ocasiona dislocamientos específicos del cuerpo literario y en definitiva una dilapidación de los recursos disponibles. En varias oportunidades he apuntado hacia los efectos, positivos y negativos, de esta circunstancia histórica nuestra. En cuanto a mí me afecta debo declarar que si para el escritor español excluido de su país natal pudo ser una bendición el encontrarse con que la lengua castellana no estuviera reducida a los límites de una frontera política, siéndole así factible continuar su actividad literaria sin renuncia al idioma propio, era inevitable de otra parte un cierto grado de desequilibrio entre las premisas implícitas de esa actividad y el medio social dentro del cual se desenvolvía ahora. Sin duda, el público natural de todo escritor se extiende potencialmente a todos los lectores de su lengua, pero cada cual lo alcanza a partir de la comunidad concreta dentro de la que vive y actúa, y cuya realidad constituye la referencia inmediata de su obra. El destierro impone la desconexión con la comunidad de origen (que –dicho queda– para los españoles fue destruida por la guerra civil) y su incorporación a otra nueva (que, para los españoles, lo fue la del país donde se refugiaron, o bien la sociedad española surgida sobre los escombros de la guerra). Para aquellos que hubimos de acogernos a países de nuestro propio idioma, la integración, más fácil que en los demás casos (sin excluir el de quienes permanecieron en España; pero sobre este punto no puedo extenderme aquí), daba lugar, no obstante, a sutiles autoengaños, y algo de ello he sugerido en otros escritos míos. En suma, por mucho que se quiera, la integración nunca llega a ser completa para quien sale de una experiencia como la nuestra, ni nadie es capaz, aunque se lo proponga, de echar por la borda su propio pasado. La obra del escritor exiliado presentará siempre un tornasol que la hace singular, extraña, ambigua, y que pide esclarecimientos especiales. Sumado ello al común estado de desconcierto en que se encuentran hoy las actividades literarias en todas partes, no creo que hagan falta más explicaciones para justificar mi decisión de brindarle al público, reunidas en un pequeño volumen, algunas de mis indicaciones acerca de la empresa a que me he consagrado en el campo de la ficción novelesca.

Cazador en el alba
(Ulises, 1930)

Mis queridos amigos:

Insistís en que escriba unas páginas autobiográficas para este libro. Algo que, ciertamente, no quisiera hacer, por más que sea norma de la colección a que ha sido destinado.

¿Cómo vosotros, editores, habéis dispuesto esa trampa a la vanidad para que escritores, uno tras otro, vayan cayendo en ella? ¿Por qué esa perfidia de ofrecer tan adecuada oportunidad al escritor para que evidencie con cuánta frecuencia no es sino un pobre hombre, ignorante de su propia inanidad vital?

Artistas ingeniosos, todos los que me han precedido en el uso de la palabra, afrontaron –y vencieron, por supuesto– el grave peligro, satisfaciendo la voraz curiosidad del público acerca de sus personas; o bien lo eludieron, escurriendo el bulto, tapándose la cara.

Yo, por mí, quiero hacer algo más fácil: excusarme.

Porque, mis buenos amigos: ¿creéis que en estos años de formidables biografías y autobiografías, pueda yo relatar al público, con ánimo apacible, mis pequeñas cuestiones domésticas? Aún no he cazado leones en África, no he intervenido nunca ni en la más modesta revolución, ni fui yo el primero en cruzar el Atlántico por el aire. Podría solo hacer memoria de cuando era un pequeño cazador de lagartijas, intervenía en pedreas de barrio o cruzaba el río huyendo del colegio. Y la verdad es que no vale la pena de repetir una vez más la vieja canción. Para cuando realice algo de aquello o cosa semejante, prometo desde ahora referirlo con puntual minuciosidad. Por el presente, mis viajes interiores, mis exploraciones y descubrimientos no son, en modo alguno, de interés general. Me reservo el derecho a la intimidad –el primero entre los derechos del hombre–, aun cuando un hombre que da sus escritos o sus actos al público solo hasta cierto punto puede invocar tal derecho o, al menos, hacerlo efectivo.

Biografía es el curso de las anécdotas a lo largo de una vida; biografía es también el curso de las peripecias intelectuales y sentimentales y también las mismas, momentáneas actitudes. En una obra literaria –para concretarnos al caso– hay de todo esto.

Pues bien: ahí están esas dos pequeñas novelas, en tal aspecto, autobiográficas. Uno escribe siempre su propia vida, solo que, por pudor, la escribe en jeroglífico; y cuánto mejor si lo hiciera sobre piedras funerarias, lapidariamente, buscando la descarnada belleza del epitafio –encerrar la vida en una bala o en un cohete, en un epigrama–.

Mi vida no es, sin embargo, escribir: está hecha, además, de otras hilazas. Cada día y cada hora me repugna más el escritor afanoso, ese tipo que escribe sin tener que decir nada que aspire a ser fundamental. También me repugna el escritor inapetente, la especie de farsantería de no querer parecer lo que se es –escritor– o de querer parecer lo que no se es –escritor también–, a que su inapetencia responde.

Ahí están esas dos pequeñas novelas. *Cazador en el alba* contiene una visión clara, ilusionada y frutal del mundo. *Erika ante el invierno* tiene asimismo un corazón frutal, sí; pero madurado. Nubes bajas han puesto de repente seria la faz del cielo. La técnica es semejante en ambos opúsculos; pero la postura espiritual ha cambiado casi imperceptible, por lo mismo que radicalmente. Son dos ciudades; es un año de intervalo…

Ahí están, digo, esas dos pequeñas novelas. Autobiografía pura. Y antes de ellas, pura autobiografía, dos párrafos de dos cartas auténticas, escritas en el mismo día, dos aspectos del mismo humor, dos momentos sentimentales.

Ya es bastante. Demasiado. ¿Debo decir aún: «Nací en Granada, el día 16 de marzo de 1906...», etcétera?

Siempre vuestro,

Francisco Ayala
Madrid, diciembre, 1930

La cabeza del cordero
(Losada, 1949)

A los veinte años, uno escribe porque le divierte, y ¿para qué más justificación? A los cuarenta, ya es otra cosa: hay que pensarlo; pues sería absurdo agregar todavía, porque sí, un libro más a la multitud de los que, incesante y desconcertadamente, apelan al público, sin motivos que aspiren a valer como razonables fuera del particular gusto y gana del autor. Yo, además, no podría invocar siquiera la mediocre razón de la carrera literaria; yo no hago carrera literaria, ni apenas –me parece– el ejercicio de la literatura puede valer como una carrera entre nosotros. Y aunque nadie negaría títulos profesionales a quien irrumpió, adolescente, en el campo de las letras para nunca desde entonces abstenerse de publicar escritos bajo su firma, lo cierto es que en el escalafón correspondiente no he mostrado –lo confieso– ni continuidad satisfactoria ni excesivo celo funcionario. Al contrario: he procurado sustraerme al encasillamiento; he desdibujado adrede, una vez y otra, mi perfil público; y, volviendo en mí siempre de nuevo, he renunciado a las ventajas, comodidades y tranquilo progreso que son premio de quienes, fieles a un prototipo de actuación social, ni inquietan a los demás, una vez adoptado, ni se inquietan mayormente ellos mismos... Sería equivocación –me adelanto– entender como alarde estas palabras. Expresan –simplemente, y quizás con pena, con nostalgia– la condición a que me ha forzado un mundo en disloque: otras circunstancias me hubieran hecho hacer otra figura;

pero cada cual es hijo, tanto como de sus obras, de su tiempo –las obras engendran la figura del autor en la matriz del tiempo–.

A los dieciocho años escribí una novela –su fecha de edición, 1925– que fue saludada en Madrid con buenos auspicios; se titulaba *Tragicomedia de un hombre sin espíritu* y era fruto de lecturas voraces y diversas. Al año siguiente, una segunda novela, *Historia de un amanecer,* recibida con el demasiado normal comentario de la crítica, me dejó, tras de publicarla, insatisfecho, desorientado y persuadido a buscar nuevos caminos. Si antes había leído en confusión los clásicos, los románticos, Galdós, el 98 y sus epígonos, Pérez de Ayala, Gabriel Miró, ahora, y solo ahora, entré en contacto con los grupos llamados de vanguardia, y me puse a tantear algo por mi propia cuenta. Varias fantasías alimentaron entonces relatos que –antes de aparecer, algunos, recogidos en volumen– publicó la *Revista de Occidente;* relatos «deshumanizados», cuya base de experiencia se reducía a cualquier insignificancia, o vista o soñada, desde la que se alzaba la pura ficción en formas de una retórica nueva y rebuscada, cargada de imágenes sensoriales.

¿Quién no recuerda la tónica de aquellos años, aquel impávido afirmar y negar, hacer tabla rasa de todo, con el propósito de construir –en dos patadas, digamos– un mundo nuevo, dinámico y brillante? Se había roto con el pasado, en literatura como en todo lo demás; los jóvenes teníamos la palabra: se nos sugería que la juventud, en sí y por sí, era ya un mérito, una gloria; se nos invitaba a la insolencia, al disparate gratuito; se tomaban en serio nuestras bromas, se nos quería imitar... El balbuceo, la imagen fresca, o bien el jugueteo irresponsable, los ejercicios de agilidad, la eutrapelia, la ocurrencia libre, eran así los valores literarios de más alta cotización.

Pero, a la vez que mi juventud primera, pasó pronto la oportunidad y el ambiente de aquella sensual alegría que jugaba con imágenes, con metáforas, con palabras, y se complacía en su propio asombro del mundo, divirtiéndose en estilizarlo. Todo aquel poetizar florido, en que yo hube de participar también a mi manera, se agostó de repente; se ensombreció aquella que pensábamos aurora con la gravedad hosca de acontecimientos que comenzaban a barruntarse, y yo por mí me reduje a silencio. Requerido –creía– por otras urgencias e intereses, pero sin duda bajo la presión de una causa más profunda, puse tregua a mi gusto de escribir ficciones, y acudí con mi pluma al empeño de dilucidar los temas penosísimos, oscuros y desgraciados que tocaban a nuestro destino, al destino de un mundo repentinamente destituido de sus ilusiones. Recuerdo bien que un hispanista alemán, excelente amigo cuya suerte ulterior ignoro, Walter Pabst, que había colaborado desde su país con un libro admirable a nuestro combativo y vindicador centenario de Góngora, interpretó en un artículo la que por entonces sería mi última narración, *Erika ante el invierno,* como reflejo del dolor desesperado que afligía por entonces el corazón de Europa. Yo, en verdad, no me había propuesto reflejar eso, ni reflejar nada, sino acaso seguir tanteando en la dirección estética elegida; pero al considerarlo después, compruebo su razón y que, en efecto, mi permanencia en Berlín por los años 29 y 30 (los años de despliegue del nazismo; los mismos, veo, que pasó allí un joven inglés de mi edad, Isherwood, para escribir ahora, retrospectivamente, su significativo *Farewell to Berlin*) infundió en mi ánimo la intuición –y por cierto, la noción también– de las realidades tremendas que se incubaban, ante cuya perspectiva ¿qué sentido podía tener aquel jugueteo literario, estetizante y gratuito a que estábamos entregados? Poco después...

Cuando, como en nuestro caso, se produce una súbita y descomunal mutación histórica, uno puede captar su propio pasado personal como algo desprendido y ajeno, y pronunciarse acerca de la suerte, no ya de las generaciones inmediatamente anteriores, sino también de su propia generación, con notable objetividad y hasta –por eso mismo– con un cierto aire de impudicia. A la altura de hoy, ¡qué lejano se ve el ayer!

Cuando yo asomé a ellas, la situación de las letras españolas era espléndida. En fresca madurez, dominaba la constelación del 98; Ortega y Gasset, con sus coetáneos, alcanzaba la plenitud; y una nueva muchedumbre de escritores, indefinidos todavía –y no, precisamente, por falta de autodefiniciones–, bullía, asumiendo ya, algunos, perfiles positivos que luego confirmarían. ¡Cuánta variedad, cuánta riqueza dentro de este sumario esquema! Y ¡qué contraste con la actual desolación!

La historia de este cambio es la historia de pocos años. La sociedad española (apartada España, aislada, al margen de Europa) se había desarrollado muy a prisa, tanto material como espiritualmente, durante el primer cuarto de siglo; y por fin rompía, en pujante proceso de crecimiento, sus viejos moldes institucionales, entrando en vibración como cuerpo político. Pero en las peripecias de un proceso interno que era normal y sano prendió el gran conflicto general, la gran crisis del Occidente que debía triturar al mundo entero después de haber arrasado y consumido a España.

Vino, pues, la guerra civil y, para las letras, la dispersión o el aplastamiento; vino la guerra civil, y sorprendió a mi generación en la treintena de su edad. Los más viejos habían cumplido ya –y ¡cómo!– su obra, ejerciendo mediante ella una descomunal influencia sobre el país, sobre el ámbito mayor de la cultura hispánica y, más allá de ese ámbito, marcando una impronta bien perceptible en otras zonas del Occidente. Unamuno, Valle-Inclán, Azorín, Machado mismo, a la vez que hacían época en la historia literaria, personificaban un «momento» –lo dinámico y activo, lo creador– en la vida social española. Y ¿qué decir de Ortega, cuya palabra era escuchada como un oráculo? Raras veces las opiniones de un intelectual han tenido una eficacia inmediata tan decisiva y tan voluminosa como la que tuvieron las suyas, por quince o veinte años, en España... La guerra civil clausuró, para todos ellos, una actuación que, en lo sustancial, estaba completa. Unos han muerto; otros sobreviven y callan, y los que continúan escribiendo, escriben también como supervivientes. No es que hagan labor inferior, no; pero lo que a la fecha escribe Azorín, lo que Baroja escribe, retrocede, por así decirlo, hasta unirse e incorporarse a su obra pasada, a redondearla, como si, de pronto, Quevedo, o don Juan Valera, pudiesen escribir ahora todavía un nuevo libro, o como si –para no salir de lo verosímil– se descubriese un nuevo tratado de Gracián que los historiadores debieran apresurarse a agregar a sus bibliografías. Hasta hombres más jóvenes, como Gómez de la Serna, engruesan en vano, incansablemente, su producción de 1920 a 1930.

En cambio, la generación subsiguiente, la mía, que solo había alcanzado a manifestarse en su fase juvenil, fue sorprendida ahí por la conflagración, y quedó en suspenso, cortada. Habíase revelado durante la pausa nacional impuesta por la dictadura de Primo de Rivera que, liquidados los más combatidos aspectos del pretérito, arrastraría consigo, en su consunción y caída, el resto de la vieja estructura. En una atmósfera de paréntesis y espera como esa, la nueva generación se manifestó muy desligada de las realidades inmediatas, a través de actitudes estéticas que pretendían el máximo distanciamiento respecto del ambiente social. Las distorsiones formales más arriesgadas y las mayores extravagancias temáticas, la apelación al folclore, a lo tradicional y local, la revivificación de la formas cultas, clásicas y barrocas, y hasta una veta neorromántica, eran tendencias que convivían, pugnaces, pero harto entremezcladas, y todas coincidentes en su prescindencia de la realidad social inmediata, en los tanteos de esa generación. A ella pertenecen extremos tan dispares como el ultraísmo y el gongorismo, cuyos secuaces respectivos precisarán fechas, límites, y se negarán, celosos,

toda concomitancia; pero ¿cómo no ver en ellos, a la distancia,
figuras de un mismo cuadro, más emparentadas de lo que quisieran?
¿Cómo desconocer, por ejemplo, que el Lorca de *Poeta en Nueva York*
es el mismo autor de *Mariana Pineda,* del *Romancero gitano;* que
Alberti escribió *Sobre los ángeles* después de haber escrito *Marinero
en tierra;* que Gerardo Diego llegó a dividir intencionalmente su
poesía en dos estilos contradictorios?, por más que otros permanecieron siempre fieles a una sola manera. Las obras juveniles de varios
pasarán a los manuales y antologías como maravilla de una precoz y
felicísima floración –cuyo compás está marcado ya en la historia de
la literatura española–; floración que en algunos pocos casos individuales (de los que aduciré un solo ejemplo: Jorge Guillén, aunque
varios lo merezcan) ha proseguido mediante el solitario impulso de
la intimidad a favor de personalidades líricas muy definidas, muy
unívocas y ya bastante hechas, capaces de alimentarse con la sola
sustancia de su propio bulbo, como los jacintos. Mas, para el resto
de esa generación, ¡qué cementerio de promesas!

La prosa, sobre todo, quedó en meros experimentos, por cuanto
la mayor entidad de su elemento ideológico requiere muy amplias,
complejas y cabales correspondencias objetivas, sin que por lo común
adquieran plenitud sus posibilidades expresivas en manos de escritores jóvenes, ni –en ningún caso– sea indiferente la posición que el
literato mantenga frente al mundo cuyos materiales de experiencia
ha de elaborar. Por eso, mientras algunas nuevas voces líricas unen
su queja, desde las ruinas, a los acentos familiares de poetas ya
conocidos de antes, el campo de la creación en prosa permanece
poco menos que yermo…

Pero no voy a analizar aquí el actual estado de la literatura española. Recientemente lo ha hecho, ciñéndose a España, Ricardo Gullón
(revista *Realidad,* de Buenos Aires, núm. 12, noviembre-diciembre
1948); y yo mismo, con particular referencia a la situación de los

escritores emigrados, en *Cuadernos americanos,* de México (núm. 1 de 1949); al tiempo que en la reciente *Historia de la literatura española,* de Ángel del Río, puede leerse también un último capítulo, «La guerra civil y sus consecuencias», que aprieta la garganta de pena, y más aún por el derroche de la buena voluntad que su autor ha puesto al redactarlo. Se asombra en él de que, hasta su fecha, apenas hubiera adquirido estado la guerra civil en las letras españolas, sino que más bien parecieran los escritores tratar de soslayarla, reanudando, como si tal cosa, el hilo de su anterior producción. Y en principio llama la atención, es cierto, el hecho de que, mientras otros países sometidos después a experiencias tan crueles, Inglaterra, Francia, Italia, han digerido en seguida sus peripecias tremendas elaborando con ellas una literatura copiosa y, en casos, excelente, no haya sucedido así con la guerra española, que, en cambio, plumas extranjeras –Malraux, Hemingway, por no citar sino dos entre las más ilustres– tomaron como tema.

Pero hay que decirlo: no tan en absoluto ha carecido de efectos literarios valiosos ese conflicto nuestro, aunque haya sido a través de los géneros más aptos para incorporar en forma directa la emoción de la materia bruta: no solo los poemas de León Felipe, algunos de los sonetos últimos de Antonio Machado, algunas de las sátiras de Rafael Alberti, alcanzarán, por ejemplo, el nivel clásico. Y sin duda, no solo la falta del buen escritor en sazón, sino quizás, por encima de todo, las circunstancias (unas circunstancias que, bajo el título de «Para quién escribimos nosotros», procuraba estudiar yo en mi aludido artículo) han impedido que la guerra civil, experiencia central de mi generación, ingrese de lleno en la literatura, con toda la pujanza y dignidad que a primera vista le corresponde.

Las novelas que ahora doy al público abordan el pavoroso asunto, y quieren tratarlo –no en vano he dejado transcurrir un decenio antes de intentarlas– en forma tal que excluya todo elemento anecdótico...

Pero –me pregunto– ¿será lícito que explique a mis lectores lo que me he propuesto al escribirlas? No ignoro, por supuesto, que el autor de una invención literaria solo puede declarar sus intenciones, sin juzgar el resultado; y tampoco se me escapa que su interpretación es tan falible como cualquier otra, y no más legítima, pues en la creación artística los propósitos deliberados, aun en el caso de lograrse, lejos de cubrir la plenitud de la obra y agotar su sentido son, cuando más, un buen punto de enfoque para acercarse a ella y, con frecuencia, mera fuente de confusión. Muchas consideraciones desaconsejan, bien lo sé, tal especie de proemios explicativos. Mas el estado de la literatura es hoy, para quienes escribimos español, tan precario que, a falta de todas las instancias organizadas en un ambiente normal de cultura, no solo por la necesidad del propio autor, sino hasta por consideración al lector desamparado, debe aquel procurarle las aclaraciones que estén en su mano, y orientarlo algo. ¿Qué tácitos presupuestos lo harían superfluo? Hay que aceptar, pues, la humi-llación de aparecer quizás como vanidoso o pedante o descarado ponderador de la propia mercadería, por amor a ese servicio.

Viene este libro después de *Los usurpadores,* cuyas piezas proyec-tan sobre diferentes planos del pasado angustias muy de nuestro tiempo. Las novelas que integran el presente volumen acercan las mismas angustias a la experiencia viva de donde dimanan. Todas ellas contemplan la guerra civil española; todas, sí, incluso la primera, *El mensaje,* que no alude para nada al conflicto y que hasta se supone discurriendo en época anterior a 1936. Pues el tema de la guerra civil es presentado en estas historias bajo el aspecto permanente de las pasiones que la nutren; pudiera decirse: la guerra civil en el corazón de los hombres. De modo que los personajes de esta primera narración, criaturas vulgarísimas, y que ni siquiera pudieron ventear la futura tragedia, la llevaban sin saberlo escondida dentro de sus vidas rutinarias y grises, en la tensión de la envidia sofocada, de la presunción estúpida, del aburrimiento, y también en el ansia de algo extraordinario, grande, de algún asunto susceptible de apasionar, y arrebatar, y encender a todo el pueblo –con lo que podría sugerirse que, en un sentido remoto, el nunca descifrado «mensaje» anunciaba eso, la guerra civil y no otra cosa–.

Así, *El mensaje* va en primer lugar; es el pórtico para las otras novelas, donde la guerra ha hecho ya acto de presencia con la fuerza irrevocable de lo acontecido. Los mismos sentimientos que allí daban un juego más bien cómico, han tejido ahora la estofa de la guerra, trocándose de repente en sustancia trágica. Ahora, todos los personajes, inocentes culpables o culpables inocentes, llevan sobre su conciencia el peso del pecado, caminan en su vida oprimidos por ese destino que deben soportar, que sienten merecido y que, sin embargo, les ha caído encima desde el cielo, sin responsabilidad específica de su parte. Tampoco en las dos novelas de corte paralelo, *El regreso* y *La cabeza del cordero,* se presenta la guerra en su actualidad, sino ya como un pretérito consumado. Han pasado después de ella diez años; pero sigue estando ahí, gravita inexorablemente sobre uno y otro protagonista y distintos entre sí como lo son, tanto en carácter como en circunstancias, ambos remiten a ella su destino respectivo. Están sus vidas engarzadas en la guerra; más aún: la guerra está hecha con sus vidas, con su conducta; sin embargo, el enorme acontecimiento los abruma y provoca en ellos ese horror que, en las pesadillas, nos producen a veces nuestros propios pasos; en los espejos convexos, los rasgos de nuestra propia fisonomía.

Y solo en el otro, en *El Tajo,* se adelanta por fin la guerra hasta el plano de la actualidad, hace acto de presencia; pero es una guerra reducida a lucha singular, a un episodio único, alrededor del cual vuelve a surgir el equívoco de inocencia y culpa, ahora como drama de una conciencia que examina la propia conducta. Precisamente tal subjetivización del problema común ha determinado las diferencias más acusadas entre esta novela y las demás. Por de pronto, la técnica de la narración difiere aquí de la seguida en las otras, todas tres relatadas en primera persona. En *El Tajo,* el relato se hace impersonal, en busca de una objetividad de la forma que compensara de la mayor interiorización del tema. Su protagonista está sometido a la observación desde dentro y desde fuera, mientras que los protagonistas de las restantes novelas son ellos quienes observan y moldean el mundo según su respectiva personalidad, que es, en todos los casos, una personalidad fuerte y directa; el yo de *El mensaje,* mezquino, vanidoso y lleno de envidia; el yo de *El regreso,* sano de alma, astuto, y un tanto brutal; el yo de *La cabeza del cordero,* inteligente, cínico, burlón, canalla… El protagonista de *El Tajo* es, en cambio, un carácter blando, solitario, soñador; es el burgués cultivado, capaz de análisis finos y de sentimientos generosos, pero no de superar el abismo abierto a sus pies por la discordia entre los hombres. Las tensiones que antes pudieron verse en acción, disimuladas primero con las argucias de la civilidad, desatadas luego en el furor de la revolución, se tiñen ahora de motivos ideológicos; pero muy tenuemente y casi tan solo en forma alusiva, ya que las discusiones que amargan las comidas familiares en casa del protagonista se refieren, no a la guerra civil, donde está centrada la narración, no a ningún conflicto político interno, sino a la primera y ya remota guerra mundial, cuyos partidos diseñaron, en aquella España neutralizada, el tajo que más tarde escindiría a los españoles en dos bandos irreconciliables.

Responden, como se ve, estas nuevas invenciones literarias mías a la experiencia de la guerra civil; ofrecen una versión, entre tantas posibles, del modo como yo percibo, en esencia, el tremendo acontecimiento por el cual nosotros, los españoles, hubimos de abrir la grande y violenta mutación histórica a que está sometido el mundo.

Que nuestra participación, como pueblo, haya sido y deba serlo todavía oblicua, enrevesada, intrincada y ambigua en su sentido, pertenece a un destino que no corresponde discutir aquí. Ese destino dificulta, por su parte, la expresión plena y normal de tal experiencia, pero en modo alguno la anula. No menos que los pueblos que soportaron después bombardeos, invasiones, ocupación militar, exterminios y demás horrores durante la segunda, reciente guerra mundial, nos ha tocado a nosotros sondar el fondo de lo humano y contemplar los abismos de lo inhumano, desprendernos así de engaños, de falacias ideológicas, purgar el corazón, limpiarnos los ojos, y mirar al mundo con una mirada que, si no expulsa y suprime todos los habituales prestigios del mal, los pone al descubierto y, de ese modo sutil, con solo su simple verdad, los aniquila.

Esta verdad acendrada en un ánimo sereno después de haber bajado a los infiernos constituye, de por sí, literariamente, una orientación, y un saber *qué,* que faltaba lamentablemente cuando la gente sabía demasiado bien *cómo;* una orientación, digo; que el logro dependerá de las facultades y fortaleza espiritual de cada uno.

Yo, por mí, he sentido el apremio de dar expresión artística a aquellas graves experiencias, y me he puesto a hacerlo con una gran seguridad interior, con la misma firme decisión que antes, en tiempos turbios, me hizo eludir la tarea literaria en su aspecto creador. Mas tal seguridad no excluye, ¡ay!, el azoramiento, no elimina la duda, no libera de esas penosas perplejidades que todo escritor consciente siente ante su obra...

F. A.
Buenos Aires, abril 1949

Cuentos
(Anaya, 1966)

La Biblioteca Anaya, al ofrecer a sus lectores una antología de mis escritos novelescos, me indica que yo mismo redacte –como es su costumbre con los tomos de los autores vivientes– la presentación del volumen a sus lectores, en lugar de usar para ese efecto, según sugerí, alguno de los estudios que otras personas han hecho de mis obras. Accedo, aunque en verdad no resulte nada fácil hablar tan directamente de uno mismo cuando se trata de informar al público sobre aquello que se ha hecho o se ha querido hacer a lo largo de una carrera literaria ya bastante dilatada y, por azarosa, mal conocida en los ambientes españoles.

Biografía literaria

Nací en Granada el año 1906; estudié a su tiempo en la Universidad de Madrid y, ya antes de graduarme, hacia 1924 –es decir, alrededor de mis dieciocho años–, empecé a publicar algunos trabajos en periódicos y revistas, y en seguida un primer libro, una novela que fue bien recibida por la crítica de entonces. (No hace mucho tiempo he tenido el melancólico placer de hallar reproducido en la edición que se está imprimiendo en México de las obras de Enrique Díez-Canedo el generoso comentario que a ese libro mío, *Tragicomedia de un hombre sin espíritu,* dedicó en el diario madrileño *El Sol* de 2-IV-1925.)

Después... Quien repase la bibliografía que va inserta a continuación de estas páginas verá que, tras de aquel comienzo, fueron muchas las obras hasta hoy impresas bajo mi firma, y por cierto de muy diversa índole: ensayos de tema político o literario, un tratado de sociología, estudios críticos y, además (yo diría, y por encima de todo), invenciones narrativas, esto es, cuentos, novelas cortas y otras que no lo son tanto.

Quien junto a los títulos repare en las fechas y lugares de publicación de cada libro, podrá seguir –un poco a saltos, pero con escaso margen de error– mis pasos durante estos últimos decenios. América ha sido el continente donde he vivido, trabajado y escrito desde 1939, primero en países de lengua española, con un año de residencia en el Brasil; y luego, ahora, en los Estados Unidos.

Cierta antología que en este país se publicó hace ya bastantes años bajo el título de *Spanish Writers in Exile* incluye un cuento mío; y después he venido a figurar también en otra titulada *Short Stories of Latin America...*

Adscripción geográfico-política

Cuando alguien, cosa no infrecuente, quiere saber y me pide que declare si me considero español o hispanoamericano, lo que declaro es más bien mi perplejidad, encogiéndome de hombros con una sonrisa, aunque lo cierto es que tal perplejidad mía se refiere más a la pregunta misma, ociosa y absurda a mi juicio, que no a la posible respuesta, por mucho que esta, si hubiera de darse, tendría que ser muy matizada, resultaría larga, quizá confusa, y nunca consentiría reducirse a una simple y, por lo demás, innecesaria opción. En efecto, la alternativa es vana.

Me parece a mí que la fundamental unidad de una literatura se encuentra en la lengua, y hace tiempo procuré razonar esta opinión mía con un ensayo que en España no pudo leerse y que en Hispanoamérica interpretó algún suspicaz, pasándose de listo, como argucia del incorregible imperialismo español. Para mí no pasa de ser una realidad bastante obvia, y si, como creo, es en la lengua donde radica la unidad de una literatura, entonces las circunstancias particulares de cada escritor que dentro de ella produce, si tienen importancia, y grande —como de hecho la tienen—, para entender y apreciar su obra, es decir, para situarlo dentro del conjunto de la literatura a que pertenece, no deben desorbitarse tampoco ni sacarse de quicio. La discusión acerca de si el poeta T. S. Eliot es norteamericano o inglés solo presenta utilidad con vistas al análisis de su creación poética. Y ningún sentido tendría, por otra parte, una especulación posible sobre, digamos, Joseph Conrad en cuanto escritor polaco. Entre nosotros, el caso de Rubén Darío aclara mucho el problema. Darío era nicaragüense, y por supuesto que no debe desdeñarse este dato biográfico, como ningún otro dotado de alguna significación; pero definir a Rubén como un poeta nicaragüense sería una insensatez. La de hispanoamericano resulta por su lado categoría demasiado vaga y provista de un valor más que nada de programa ideológico; y en cuanto a español, claro está que, hablando *stricto sensu,* no lo era. Mas… ¡trátese de hacer la historia de la literatura española prescindiendo de su nombre!

Otros problemas de identidad

En fin, por lo que a mí se refiere, estas han sido las circunstancias externas de mi vida, las peripecias de mi carrera literaria, toda ella desenvuelta bajo un signo de ambigüedad —bien que los signos siempre tienen algo de equívoco y, como es sabido, con la verdad suelen engañar las estrellas–. Ocurre que, si desconcierta a algunos y a otros les irrita el carácter elusivo de mis condicionadas e inciertas lealtades políticas, asimismo les resulta intolerable a muchos el que mi nombre se sustraiga obstinadamente al encasillado profesional, dejándolos sin saber a punto fijo en cuál encajarme. Pues ¿qué seré yo?: ¿un novelista?, ¿un ensayista?, ¿un catedrático? Y si catedrático, ¿de qué?: ¿de ciencias políticas y sociales?, ¿de literatura? Porque, después de todo, mis escritos no parecen prestarse en modo alguno a esas cómodas designaciones despectivas con que suele castigarse la gárrula diversidad de los productos intelectuales baratos; y por más que haya a quien le pese, es el caso que irrumpen en cada coto cerrado y de vez en cuando causan impacto... de modo que no queda otro remedio sino contar con ellos.

Es el caso también que, bajo el desorden de su diversidad formal, responden a una profunda unidad de motivación que les presta no poca congruencia íntima. He aspirado en suma a plasmar mi propia visión del mundo para beneficio de los posibles y eventuales interesados en la interpretación de nuestro presente histórico, echando mano para ello de cuantos recursos literarios estaban a mi alcance; y si algo lamento es que esos recursos se hayan encontrado limitados no solo por la cortedad de mis facultades sino también, en lo que de mí no depende, por la condición precaria de nuestros ambientes culturales.

Fragmentación del mundo literario hispano

Los nombro en plural, y ya con esto estoy aludiendo, junto a ciertas ventajas muy evidentes (para mí, en concreto, nada menos que la de haberme permitido desarrollar libremente mi obra literaria sin necesidad de perder contacto con el idioma vivo y hablado, en lugar de haberme visto reducido, como se han visto otros, a los lánguidos recursos del recuerdo y de la letra impresa), junto a las ventajas, digo, de la flexible variedad de contextos político-sociales dentro de una común tradición cultural y lengua, hay que contar con los terribles inconvenientes que implica la división en ámbitos nacionales, intelectuales y editoriales separados, cuyos límites someten al escritor a distorsiones bastante aflictivas, encerrándolo en el cuadro de convencionalismos de una u otra provincia y, con ello, apartándolo del tiempo histórico cuya corriente principal apenas si mueve los meandros donde está instalado.

En ocasión más oportuna y con mayor espacio me he ocupado otras veces de esta lamentable situación y de las condiciones sumamente adversas en que coloca al escritor de lengua española. Cuando por ventura llega alguno, contra viento y marea, a alcanzar un nivel de excelencia universal (y no faltan en este momento quienes desde México, Argentina, España o Perú puedan sostener con ventaja parangones internacionales), debe correr, a lo sumo, la fortuna impar y efímera de lo raro, por contraste con el mínimo colega francés o norteamericano, cuya figura aparece apoyada y realzada (cuando no inflada) gracias al prestigio del orden cultural a que pertenece. Nosotros, para empezar, ni tenemos un público homogéneo, ni siquiera son apenas accesibles en un país los libros o revistas que salen publicados en otro. ¿Qué hacerle?

Esta colección

Igual que los demás escritores de nuestra lengua, como Dios me daba a entender he procurado yo salvar tales obstáculos. En la bibliografía que sigue encontrará el lector curioso una guía de mis escritos, de los cuales unos están en las librerías españolas, otros no. Este pequeño volumen pone en sus manos una muestra de lo que se ha llamado mi arte narrativo. Lo componen cuatro narraciones o novelas breves, todas ellas de tema español. Las tres primeras se proponen abordar e interpretar el presente histórico a través del pasado, y para ello se elige en cada una de ellas un asunto cuya proximidad a los hechos reales oscila entre la trama enteramente ficticia de *San Juan de Dios* y el tantas veces poetizado destino real de don Pedro I de Castilla en *El abrazo,* ambas pertenecientes al libro de *Los usurpadores,* en cuyo prólogo trata de explicarse su sentido de conjunto y cuál es el elemento aportado por cada pieza para constituirlo e integrarlo. En cuanto a *El inquisidor,* es la última de este ciclo, tardíamente escrita (y tanto, que no pudo entrar por entonces en dicho volumen). H. Rodríguez Alcalá ha hecho de ella un magnífico estudio en número reciente de la *Revista Hispánica Moderna,* a donde remito a quien pueda estar interesado en su análisis crítico.

El mensaje, por su parte, es la primera de las novelitas que componen *La cabeza del cordero,* cuyo tema central es la guerra civil, aunque tratada más bien al sesgo; y en las páginas de esa primera narración procura reflejarse la calma chicha que suele preceder a las tormentas (el libro completo se cierra con otro relato donde también aparece un mensaje críptico; solo que ahora, tras de la tempestad, ya el lector desengañado sabe que en verdad tales mensajes no significan nada).

Estas cuatro pequeñas novelas o largas narraciones, todas redactadas en la década de los años 1940, ofrecen una muestra sustancial de mi actividad en el campo de la literatura imaginativa durante aquel período, actividad literaria que a más de un lector quizás le interese repasar o, mejor, descubrir.

Y creo que con lo dicho basta para el desprevenido, y sobra para el avisado.

Francisco Ayala
Nueva York, 1965

El tiempo y yo, o El mundo a la espalda

(Alianza, 1992)

Quienes de un modo u otro se interesan por mi bibliografía, me han reprochado más de una vez la dificultad que encuentran para rastrear, capturar y poner un orden en mis escritos. Tienen razón de quejarse. He sido siempre escrupulosamente cuidadoso en cuanto a la integridad textual de cada una de mis obras de imaginación, pero por lo que se refiere a su suerte frente al público lector, bastante descuidado. O, dicho en términos muy concretos: me he despreocupado siempre de algo que a tantos otros escritores –quizá con toda razón– obsesiona en cambio; esto es, de promover la propia imagen, establecerla y fijarla con perfiles netos, y poder controlar así con celo de propietario la propia finca literaria. Tal vez las circunstancias de mi vida, y también un recóndito, radical escepticismo, me han llevado a dejar que sea más bien el azar quien gobierne la difusión de mis escritos. Sirva esto para justificar las precisiones que a continuación ofreceré sobre la génesis del presente libro.

Hará poco más de un decenio se publicó en Selecciones Austral de Espasa-Calpe una nueva edición de *El jardín de las delicias*, a cuyo libro agregué entonces, como complemento, otro, compuesto por una serie de textos de índole varia. Esta contraparte, que debía funcionar –se dijo– frente a mi *Jardín* a manera del revés de un tapiz, recibió el título de *El tiempo y yo*. Carolyn Richmond –autora de la introducción al volumen doble (transferido luego a la colección Acanto de la misma editorial)– explica ahí este segundo título, y también el epígrafe de una sección titulada *El mundo a la espalda*, como sendas frases coloquiales que recibían de mí ahora un sentido específico. Precisa Carolyn: «Suele decirse "el tiempo y yo contra otros dos" para expresar la virtud del tiempo, cuyo transcurso basta a vencer dificultades y eliminar problemas. Por otro lado, el título sugiere la preocupación que el autor ha tenido siempre [...] con el ineluctable paso del tiempo»; y añade luego: «El subtítulo puesto a la segunda parte del libro parecería indicar que su autor "se ha echado el mundo a la espalda" en el sentido de que, llegado a su edad, puede despreocuparse de las muchas cuitas cotidianas de la vida; pero está significando también que los textos aquí incluidos pertenecen en gran medida a un mundo pretérito». Estas indicaciones son exactas; y con ese mismo sentido se reúnen aquí ahora los dos títulos en uno compuesto o –si se quiere– alternativo para encabezar el libro que el lector tiene entre las manos.

La función de aquella miscelánea de textos que entonces contrapuse a *El jardín de las delicias* con el propósito de evidenciar aspectos, rasgos, fuentes y mecanismos de la creación poética cifrada en esa obra, impidió que en su momento fuese debidamente avisada y advertida la entidad independiente de *El tiempo y yo*; pero sin duda alguna, *El tiempo y yo* es por sí mismo un libro independiente.

Entre tanto, el tiempo ha seguido fluyendo, huyendo; y yo, por dar una vez más en mi vida 'razón del mundo', he procurado durante ese lapso seguir haciéndome cargo de lo que su corriente arrastraba, y rendir público testimonio. Quiere ello decir que, durante el transcurso de este lapso, aquel libro, *El tiempo y yo*, disimulado y solapado entonces, ha crecido hasta el doble de su volumen y afirma ya su derecho a la independencia.

No creo necesarias más explicaciones. A lo largo de esta centuria el cambio histórico ha sufrido una aceleración creciente, que en el curso del último decenio se ha hecho vertiginosa. Espero que no carezca de interés general la reacción que, frente algún aspecto de sus espectaculares mutaciones, ha podido sentir quien, como yo, viene siendo testigo alerta de su tiempo.

El problema del liberalismo
(Fondo de Cultura Económica, 1941)

Apenas si se hace necesario subrayar la unidad de sentido que concurre en los ensayos reunidos en este volumen. Más bien podría reprocharse en ellos una insistencia y reiteración excesivas, al considerar desde ángulos distintos, pero con igual orientación siempre, una misma realidad. Pues cada uno de los escritos que vienen a integrar el libro retorna desde una perspectiva especial una sola y tremenda experiencia vital que se prolonga ya en términos desmesurados y que amenaza agotar toda humana capacidad de resistencia. Tal experiencia es, para los hombres de mi generación, ni más ni menos, «la experiencia de su vida»; pues la plenitud de esta coincide con el punto culminante de la gran catástrofe histórica, sin que el breve ciclo de la existencia individual nos permita, ni gravitar sobre un pasado lleno de otras esperanzas, ni orientarnos hacia un futuro prometedor de otras realidades.

El intelectual nacido y formado en el marco social de la burguesía, penetrado hasta la entraña por las convicciones radicales de esta, más o menos seducido acaso, en su sentimiento y en su racionalista propensión hacia la idea de un orden justo, por ideologías proletarias que implicaban, en el fondo, un intento de prolongación de los principios culturales de la burguesía,[1] asistirá hoy a una crisis

---

1. La más elaborada y la de mayor eficacia práctica de las ideologías proletarias, el marxismo, propone la realización de la justicia social mediante la instauración de

en que es zarandeado y ve derrumbarse su mundo, estremecido desde los cimientos, y no ciertamente por una revolución que prometiera, a cambio de duros sacrificios, una continuidad en el espíritu y en la cultura, sino por una especie de conmoción casi telúrica, desencadenada por las fuerzas de la naturaleza, por el hombre en cuanto fuerza de la naturaleza, en cuanto agresivo tropel y aterrorizado rebaño, verdugo y víctima a un tiempo de su tropelía y de su terror. Y en tal conmoción, si por caso escapa en su existencia concreta el ser individual, se le niega hasta la ilusión humilde de imaginarse el futuro a medida del deseo.

Pues si en otras horas críticas de la historia ha faltado la perspectiva de una solución práctica –no importa si deseada o temida; deseada para unos, temida para otros– en que se desenlazara el nudo, y hasta han podido combatirse entre sí varias soluciones, lo que mejor da la medida pavorosa del actual momento es eso: que seriamente, fuera del puro y gratuito desvarío individual, nadie puede acertar a figurarse cómo va a ser el mañana, porque tampoco existe una voluntad integrada que ofrezca un programa de organización de la sociedad; porque la situación no es ya dominable, ni en la medida más modesta, por una voluntad humana racionalizada.

Y esta negación de perspectivas, esta ceguera a que nos condena, es la que, más allá de todo sufrimiento, la hace desesperada, sobre todo para los hombres formados en la disciplina racionalista –una disciplina tan dura y amarga que no consiente ni el mínimo alivio de recostarse en ella...–.

---

unas nuevas relaciones sociales, pero siempre sobre la base de los mismos criterios burgueses: individualismo fundamental, universalismo, fe progresista, concepción hedonista de la vida, economicismo, mecanicismo, racionalismo tecnicista...

Los trabajos que componen este libro giran todos alrededor de este momento de crisis, y –ante la imposibilidad de formulaciones dogmáticas que apunten al futuro– pretenden analizar los procesos que han conducido hasta la situación presente para, cuando menos, aclararla y hacerla explicable, como resultado de una desintegración cultural que, iniciada con el Renacimiento, progresa con ritmo acelerado hasta la catástrofe de nuestros días.

De más está advertir que esos procesos cuyo conjunto constituye una evolución principal están modificados en cada país por tendencias particulares, contradictorias muchas veces, determinadas por factores de índole varia, de modo tal que se manifiesta con las apariencias más diversas, anticipado y facilitado unas veces a favor de circunstancias propicias, otras retrasado, entorpecido, desviado, entrecruzado con impulsos de sentido diferente. Por eso no conviene perder de vista en ningún instante el carácter esquemático del desarrollo descrito, ni el hecho de que no se alude con él a país ninguno en concreto, sino al conjunto de los que integran la llamada cultura occidental –y dentro de este conjunto, casi en modo alguno a los de raíz hispánica, cuyo papel pasivo en la periferia de esa cultura los ha mantenido al margen, en virtud de una contradicción tal vez no desdichada, de esa línea de desenvolvimiento, aunque por ello, también en una secular infecundidad histórica a partir de la Contrarreforma–.

Razón del mundo
(Losada, 1944)

Si, según parece evidente, el conjunto de hombres de letras –los ingenios, como se llamaron antes, o los intelectuales como hoy se denominan– constituye, en la medida en que esta metáfora pueda seguir valiendo, la conciencia del cuerpo social, no hay duda de que nuestros tiempos son tiempos de examen de conciencia. Desde que Julien Benda dio a luz su libro, en seguida célebre, sobre *La trahison des clercs*, no han dejado de manifestarse hasta la fecha, y cada día con mayor frecuencia, agudeza y apremio, síntomas nuevos de esta actitud autocrítica en que los intelectuales vuelven sobre sí mismos el aparato discursivo mediante el que se ejercita su peculiar función, para preguntarse acerca del modo, sentido, acierto y eficacia con que vienen ejercitándola.

Cuando un determinado tema alcanza a concentrar –y por cierto en la manera continuada y creciente de este– la atención de todo un ambiente de cultura ello acredita que su planteamiento no nació del ocasional capricho de cualquiera, al estímulo de una pasajera curiosidad o al azar de un personal humor, sino que responde a una exigencia pública muy fundada. El tema de la responsabilidad de la inteligencia –pues bajo esta fórmula ha sido reacuñada ahora por influjo, sobre todo, de A. MacLeish y su difundido escrito *Los irresponsables*–, el tema de la responsabilidad que pueda caber a los intelectuales en la actual crisis del mundo, envuelve una de esas cuestiones vitales cuya legitimidad arranca de unas circunstancias sumamente penosas, de los perentorios requerimientos de una situación grave en extremo.

Excusado resulta, por obvio, razonar cómo la gravedad última de esta situación proviene de que ahora, en la crisis presente, lo que peligra y zozobra no son ya estos o aquellos valores creados, sino los principios mismos de nuestra civilización, la esencia de nuestra cultura, donde arraiga y recibe orientación nuestra vida.

Se trata con ello de una cuestión que a todos afecta por igual, es decir, primordialmente, puesto que es cuestión de vida o muerte. Es la gran cuestión de nuestro tiempo. Discutirla desde ángulos particulares o por sectores –algo, por lo demás, bien factible, ya que todo confluye hacia ella, y no otra cosa, sino ella se encuentra en el fondo de cualquier otro problema actual– comportaría el riesgo de desvirtuarla y confundirla, hasta perderse en el mar de confusiones en que amenaza naufragar el mundo. Su emplazamiento adecuado y central está ofrecido por el tema de esa gran polémica acerca de la misión de los intelectuales: la relación del espíritu con la sociedad.

Y dado que apunta a un tema universal de interés común para nuestra civilización, nosotros, los hispanos, hemos debido terciar también en tal polémica para configurarla a nuestra manera. Durante los últimos años se han producido, en efecto, dentro del área cultural trazada en América por el uso de nuestro idioma –símbolo el más general y también el más perceptible de nuestra comunidad–, manifestaciones varias, artículos, conferencias, debates literarios y conversaciones privadas, testimonio de una preocupación que acredita la sensibilidad de nuestro ambiente para el problema o, por mejor decir, su participación vital, su implicación en los dolorosos términos del mismo.

Algunas de estas manifestaciones han sido proyectadas sobre nosotros desde el exterior por vía de traducción –y ello las hace especialmente significativas para el punto de vista que quieren adoptar estas páginas–: me refiero a libros cuya versión a la lengua castellana en esta hora, acudiendo con puntualidad a su cita, aporta, con su estímulo, un considerable bagaje de elementos a la discusión del tema, confirma su justificación en necesidades profundas de la época y viene a corroborar la relación entre el pensamiento y las condiciones concretas de la sociedad en que surge. Pues una traducción vale, en pequeño, por un renacimiento; expresa la presencia en el medio cultural receptor de un conjunto de circunstancias, de una constelación de factores, hasta cierto punto análoga a la que dio lugar en el medio cultural de origen a la obra traducida. En esa analogía –que, por supuesto, no alcanzará nunca la identidad– se encuentra dada la coyuntura, el interés, la atención predispuesta que se adelanta hacia la obra, y la recoge, y la hace otra vez fecunda…

Quiero hacer especial referencia a dos de estas recientes traducciones que, por su valor intrínseco la una, y por su resonancia la otra, deben ser reputadas como sendos acontecimientos intelectuales. Aludo en primer término al libro famoso de Karl Mannheim, *Ideología y utopía*. La aventura de este libro, con ser cosa de pocos años, puede estimarse típica respecto de las condiciones de viabilidad de las ideas –cuestión que constituye, al mismo tiempo, su propio asunto–: en su día, en la Alemania conturbada y desorientada de la República de Weimar, y solo allí, por entonces, produjo verdadera sensación dentro de los círculos académicos y literarios. «Es de dudarse –escribe en el prefacio de su ulterior edición norteamericana el profesor de Chicago, L. Wirth– que se hubiera podido escribir en cualquier otra época, pues las cuestiones que trata, aun cuando son fundamentales, solo podrían surgir en una sociedad y en una época marcadas por una profunda confusión social e intelectual.» Pero en los años transcurridos de entonces acá «los conflictos que provocaron en Alemania la destrucción de la República liberal de Weimar han surgido en otras naciones, en el mundo entero».

.

Y el libro del profesor alemán, que hoy lo es de la Escuela de Economía de Londres, se difundió en lengua inglesa para aparecer luego, vertido a la nuestra, en una edición mexicana, y llegar a nosotros cuando nos ocupa el tema de la responsabilidad de los intelectuales: a la hora de nuestro examen de conciencia.

Mencionaré en segundo lugar el ya citado ensayo del poeta norteamericano Archibald MacLeish, *Los irresponsables*, que tanta repercusión ha tenido en nuestros medios. Su éxito me parece debido, en gran parte, a causas exteriores: el prestigio de su procedencia, la difusión que ha sabido darle la organización de propaganda político-cultural de los Estados Unidos, etcétera; pero, sobre todo, a que presenta la gran cuestión en términos populares...

Al incidir sobre nuestros círculos a través de la traducción, esos planteamientos ajenos de un problema general no solo evidencian, como queda dicho, que a nosotros también nos afecta y toca en lo vivo; evidencian al mismo tiempo unas ciertas divergencias más o menos acusadas en la manera y hasta –valga la expresión– en el temperamento de su enfoque, divergencias que exceden a las explicables por razón de diversidades individuales. Si hemos de colaborar con originalidad en la tramitación de tal problema será porque calemos hondo en el sentido de estas divergencias y apoyemos nuestros puntos de vista en lo que tengan de sustantivo, en vez de limitarnos a reproducir, desvaída y superficialmente, desde nuestro observatorio al margen, y como quien sigue una moda, los términos que desde fuera nos son propuestos.

Cervantes y yo

La invención del Quijote
(Punto de Lectura, 2005)

En el capítulo III de la segunda parte de *El ingenioso caballero don Quijote de la Mancha* el protagonista se refiere, en muy sensata conversación con el bachiller Sansón Carrasco, a su propia historia, es decir, a la primera parte del libro, publicada diez años antes (1605) de la actual, indicando que para entenderla haría falta un comentario; algo a lo que su interlocutor replica: «Eso no [...] porque es tan clara, que no hay cosa que dificultar en ella: los niños la manosean, los mozos la leen, los hombres la entienden y los viejos la celebran [...]».

Tres siglos después, el niño que por aquel entonces era yo no solo *manoseaba* un ejemplar de esa historia, sacándolo de la estantería de mi casa granadina, sino que lo devoraba con deleite, bien que, como alimento demasiado fuerte para mi tierna edad, su lectura se prestaba a efectos inesperados. Ciertos improperios clásicos que en el honesto ambiente burgués de mi familia resultaban malsonantes (aunque hoy en día, con el paso del tiempo, suenan sin escándalo en las bocas más inocentes), eran dirigidos por mí en las peleas pueriles a otros chicos de mi edad, o incluso a mis propios hermanos. «¿De dónde has sacado tú esas palabrotas?», me preguntaba con asombro mi madre. Y se quedaba desconcertada al saber que provenían nada menos que de las páginas de la obra magna de la literatura universal... No sin embarazo trataba ella de explicarme en seguida que semejante ilustre lenguaje sonaba mal, sin embargo, en la boca de un muchachete bien educado.

Tendría yo por aquellas fechas unos trece o catorce años. Muy pronto llegaría, pues, a ser uno de tales mozos que, según Sansón Carrasco, leían en su tiempo el *Quijote*; e igual que estos, *leí* a mi vez la historia, ahora ya con mejor juicio. Poco más tarde, hecho todo un hombre y trasladado a Madrid desde mi natal Granada, la *entendí* al fin, y me dediqué a estudiarla con entera aplicación. Fue la época en que empezaba a desarrollar públicamente mi carrera de escritor, tanto mediante piezas de creación *poética* vanguardista como en la crítica literaria, artística y social. Eran aquellos unos tiempos de feliz optimismo y espiritual fecundidad, a los que por fatalidad había de seguir de inmediato un súbito oscurecimiento histórico que, por cuanto a mí personalmente concierne, me obligaría a recluirme en meditativo silencio. La dictadura del general Primo de Rivera estaba agotada ya, y con ella, la monarquía de Alfonso XIII bajo cuyo régimen había nacido yo. Requerido por urgencias de carácter práctico, hube de dedicarme en esta nueva fase de mi vida a actividades relacionadas con la esfera pública. Ocupaba una posición de catedrático universitario, e ingresé luego, durante el período de constitución del recién establecido régimen republicano, en el cuerpo técnico de Letrados de las Cortes. Las condiciones internacionales dentro de las cuales nuestro país venía yaciendo, desde hacía tantísimo tiempo, en un estado de bastante inercia frente al resto del mundo, vinieron por último a provocar en España el trágico enfrentamiento de una guerra civil, que debió prolongarse durante casi tres años. No hará falta consignar aquí los detalles que convirtieron mi personal biografía en una historia tan penosa como la de la inmensa multitud de los demás españoles. Tras de las peripecias que en mis *Recuerdos y olvidos* relato, me vi arrojado al fin, junto con miles y miles de compatriotas, al exilio exterior; y desde él reanudé de inmediato las tareas literarias que había suspendido durante la etapa anterior (casi una década) de perturbaciones político-sociales sufridas por el país.

Muy pronto, todavía sin hallar un nuevo asentamiento, redacté en París mi *Diálogo de los muertos. Elegía española,* texto que expresa la más absoluta desolación y que, ya en Buenos Aires, publicaría en seguida, en diciembre de 1939, la revista *Sur.*

Luego acogió también escritos de mi firma el diario porteño *La Nación,* que insertaría en sus páginas literarias del 13 de octubre de 1940, bajo el título de «Notas sobre un destino y un héroe», un temprano trabajo sobre Cervantes donde expresaba yo mi convicción de que la historia de don Quijote pudiera ser considerada reflejo y símbolo del destino de la nación española, idea esta que, sin desecharla, he ampliado y modificado después en diferentes direcciones. A partir de ahí, mi preocupación con las obras cervantinas ha seguido estando presente de continuo en el conjunto de mi propia creación literaria, tanto en su conexión directa con tales obras como en referencia indirecta o tácita a ellas. En 1947 fundé y edité, con la colaboración de un grupo distinguido de intelectuales, la publicación *Realidad. Revista de Ideas,* que aparecería bajo la dirección formal de Francisco Romero, y cuya presentación, a la que contribuyó con su consejo dicho grupo de amigos, redacté yo en un texto cuya lectura podría sorprender a la fecha de hoy por cuanto anticipa de un modo claro y muy preciso la situación espiritual en que el mundo ha llegado a encontrarse. En esa revista apareció entonces mi ensayo «La invención del *Quijote*», que ahora mismo se ha querido insertar entre las páginas introductorias a la edición académica del IV Centenario. A la etapa argentina de mi exilio pertenecen tanto dicho texto como otros tres fechados en los años 1947 y 1948, redactados en la misma época que muchos de los relatos que integran *Los usurpadores* y *La cabeza del cordero.*

Circunstancias diversas me llevaron desde la República Argentina a la isla de Puerto Rico, cuya universidad me acogió y a la que presté una colaboración muy activa en el terreno docente y en el terreno editorial. A ese lustro corresponde el ensayo «Experiencia viva y creación poética. Un problema del *Quijote*».

Las condiciones verdaderamente atroces de la dictadura franquista en que había concluido nuestra guerra civil hicieron que el exilio para muchísimos de los españoles que salimos de nuestro país se prolongara más allá de los límites de sus vidas. La madurez de la mía tuvo en cambio la suerte de hallar grato asilo en diferentes países del continente americano, primero, como queda dicho, en Sudamérica y el Caribe; luego, en los Estados Unidos de América con base en Nueva York, donde he pasado un cuarto de siglo largo ocupado básicamente en la enseñanza universitaria, pero simultaneándola siempre con mis habituales tareas literarias. Así, el inexorable paso del tiempo me hizo llegar hasta esa fase postrera que en las palabras citadas del bachiller Sansón Carrasco corresponde a la *celebración* de la historia de don Quijote por parte de los viejos. Mi propia celebración del *Quijote* tomaría formas muy diversas, propias de las facetas de mi formación intelectual: hay entre ellas estudios de cierta erudición, ensayos más bien discursivos, notas sueltas que pueden aportar un timbre de humor y, sobre todo, un cierto experimento narrativo titulado *El rapto,* donde la invención imaginaria está apoyada sobre un texto del *Quijote* extrapolado por mí al terreno de la reciente España de los años sesenta, que por entonces había podido visitar ya en calidad de turista.

Estas visitas mías a España habían sido silenciosas y esporádicas aunque, desde la distancia y con igual carácter, pronto comenzaría a colaborar en la prensa madrileña. En la prensa madrileña he seguido colaborando hasta el día de hoy, con menos silencio y mayor continuidad desde que mi residencia se ha estabilizado de nuevo en España. Y cuando la situación de este país nuestro se ha estabilizado también con el advenimiento de un régimen democrático, todavía puedo darme el gusto a veces, en mi avanzada vejez, de *celebrar* la obra cervantina de maneras diversas, incluso mediante esa pequeña invención titulada «Un caballero granadino», donde se encuentran fundidos lo que es literario y lo que es la experiencia viva de este infatigable escritor.

Los usurpadores

(Sudamericana, 1949)

No es esta la primera vez que un escritor ya reputado encarga a otro, menos conocido que él, de presentar al público un libro nuevo. Que el autor del presente volumen, polígrafo cuya firma vienen repitiendo las prensas con frecuencia tal vez excesiva, haya recurrido a mí, oscuro periodista y archivero municipal de la ciudad de Coimbra, para que explique a sus lectores en un prólogo el significado de la obra de ficción que aquí les ofrece, es cosa desde luego que hace honor a nuestra vieja amistad pero, al mismo tiempo que muestra su confianza para conmigo, revela cierta desconfianza hacia la perspicacia y, desde luego, la memoria de esos eventuales lectores, sin lo cual no me habría encomendado como principal misión la de recordarles que sus primeras publicaciones –las de Francisco Ayala, quiero decir; ahí, en España, pronto hará un cuarto de siglo– fueron como esta de ahora invenciones novelescas. No deja de ser cierto, sin embargo, que mi oficioso escrito resultaría innecesario, de haber observado él entre tanto, en su actuación de autor, el debido respeto para con el público. Un silencio, por dilatado que sea, en la producción de un escritor, es cosa apenas vituperable, muchas veces plausible y digna de gratitud; pero lo que Ayala ha hecho: interpolar en estos decenios ensayos muy abundantes de teoría política y hasta un voluminoso *Tratado de Sociología*, eso, por más que de vez en cuando templara tan áridas lucubraciones con trabajos de crítica literaria, no sé hasta qué punto pueda considerarse legítimo:

perturba la imagen que el público tiene derecho a formarse –y más, hoy, en que prevalece el especialismo– de cualquiera que ante sí desenvuelva su labor; y resulta duro en demasía que quien ya parecía adecuada, definitiva y satisfactoriamente catalogado como sociólogo salga ahora rompiendo de buenas a primeras su decorosa figura profesoral, a la que pertenecen muy precisos deberes, para presentarse otra vez, al cabo de los años, libremente, como narrador de novelas.

Pero él lo hace, y mi función no es censurarlo, sino tratar de poner en claro sus motivos e intenciones. Tampoco, a decir verdad, esta nueva, o renovada, manifestación literaria irrumpe tan de improviso; alguna de las narraciones que integran el libro se adelantó, en efecto, a tantear la publicidad en Buenos Aires hace un par de años, y no sin éxito. Alcanzó laudatorias repercusiones; hasta una de las primeras autoridades en las letras argentinas, J. L. B., estimó entonces ser *El Hechizado* «uno de los cuentos más memorables de las literaturas hispánicas», y dijo por qué. Quisiera yo, a mi vez, explicar los rasgos internos que acierto a descubrir en *Los usurpadores*, libro cuyas diferentes piezas componen, en suma, una sola obra de bien trabada unidad, como creo que a primera vista podrá advertirse.

Su tema central –común a todos los relatos– viene expresado ya en el título del volumen que los contiene, y pudiera formularse de esta manera: que el poder ejercido por el hombre sobre su prójimo es siempre una usurpación. Todos ellos giran, cada cual según su órbita, alrededor de ese hecho terrible y cotidiano: en *San Juan de Dios* el impulso para imponerse y dominar conduce, ciego, hacia la propia destrucción, lo mismo que en *Los impostores,* aun cuando aquí el ansia no sea frustrada por obra de la propia violencia, sino por virtud de una justicia superior; y todavía en *El Doliente* esa frustración proviene de la fragilidad del apoyo que a los deseos imperativos del hombre presta su flaca naturaleza. Esos deseos se nos presentan con *El abrazo* en el borbotar de la sangre misma, calientes, sucios, nauseabundos. En *La campana de Huesca* la renuncia –inevitable por principio– al poder adquiere el carácter de un destino equívoco; y –cosa que también ahí apunta, aunque de distinta manera– en *El Hechizado,* ese poder que en otros lugares se sorprende brotando con la palpitación obscena del puro vivir, se nos muestra muerto, hueco, en el esqueleto de un viejo Estado burocrático.

Notoriamente, la estructura toda de esta narración (la examinaré en primer lugar, porque, conocida sin duda de ciertos lectores, ofrece un buen punto de referencia inicial), la estructura, digo, de *El Hechizado* está dispuesta para conducir por su laberinto hasta el vacío del poder. Representa al Estado, imponente y sin alma; en último término, expresa también el desesperado abandono del hombre, la vanidad de sus afanes terrenales. Sé que el autor vaciló, antes de escribirla, en la elección del sujeto histórico, y que se decidió a favor del rey idiota después de haber considerado el asunto bajo las formas del *zar loco,* de *interregno,* y de *sede vacante.* La elección de Carlos II, el postrer vástago degenerado de una dinastía poderosísima, se me antoja bastante afortunada. Desde la periferia, una vida ajena, ignorada, taciturna, la del protagonista, se empeña fatigosamente en penetrar hacia el centro hueco del gran Imperio. Su punto de partida es fresco y natural: cumbres andinas, la madre, una religiosidad simple; mas, conforme el viajero se acerca al núcleo del poder soberano, las instancias se van haciendo más y más formalistas, duras, impenetrables, y la humanidad más seca: el supuesto narrador es un erudito; el preceptor, un fraile latino; hay un changador negro, un mendigo inválido, un confesor alemán, conserjes, pajes, extranjeros, burócratas… Y, por fin –única mujer que hace acto de presencia en la narración–, una enana es quien le introduce, mediante soborno, al sagrario de la majestad, donde el monarca imbécil se encuentra rodeado de bestezuelas diabólicas… Curiosa es la ambigüedad que titila en el título del relato: «el Hechizado» es, sin duda, Carlos II de España; pero lo es, no menos, el indio González Lobo que se obstina en alcanzar su presencia; y lo son igualmente las multitudes a su alrededor. En puridad, *hechizados* están cuantos se afanan por el poder, y así podría decirse sin inconveniente de todos los demás personajes que pueblan este libro: el pastelero de Madrigal queda hechizado –y no se olvide que su madre comparece como una bruja: es traída en volandas, arrebujada en su manto de viuda–, queda hechizado formalmente al recibir en el cuenco de sus manos el oro con los sellos reales; pero ¿no lo estaba a su vez el demoníaco rey don Sebastián, arrastrado a tan locas empresas? Y el Doliente en su cama, y los nobles al acecho; y los fratricidas hijos del rey Alfonso; y el irresoluto Ramiro; y los caballeros granadinos, enconados entre sí... Pero de análoga manera podría extenderse a todos ellos el título de impostores, pues también los legítimos dominadores usurpan su poder –*non est potestas nisi a Deo*– y deben cargar con él como una abrumadora culpa. Y asimismo, ser tenidos todos ellos por *dolientes*, pues que todos adolecen de la debilidad común a la condición humana.

Así, las seis novelas, a las que tan honda unidad de sentido anima, se intercomunican de diversas maneras, enlazando y modulando sus temas respectivos; consienten ser barajadas, ordenadas y reagrupadas, como una mano de naipes, en conexiones varias. Apuntada quedó la intuición capital de *El Hechizado:* el Estado como estructura de un poder vacío. Esa intuición se encuentra también en *La campana de Huesca,* donde un testamento asombroso ha dejado el trono vacante en administración de las órdenes militares, y donde el cetro va a las manos de un príncipe que no lo apetece. Tampoco el Doliente es capaz de ejercer el poder real en Castilla. El reino de Portugal ha caído cautivo con la pérdida de don Sebastián. Y otro tanto ocurre con el reino moro de Granada, cuyas estirpes prolongan la discordia que lo ha hundido. En conjunto, aquella idea de una organización del poder, evacuado ya de la vida que lo erigiera, se opone en significativo contraste con la violencia elemental de *El abrazo,* donde se entreveran los sentimientos de toda una parentela movida por la ambición, los celos, el resentimiento, en fin, las pasiones más crudas. Esta historia de fratricidio intentó primero titularse *Los hermanos* y, según me consta, sin sombra de ironía: presenta las fuentes naturales de la discordia, tan mezclada al amor en la sangre, y de los impulsos dominadores, es decir, el polo opuesto al orden jurídico y burocrático del Estado. Pero su idea se encuentra también en las demás novelas. No solo en *San Juan de Dios* –que, a su vez, hubiera podido llamarse también *Los hermanos,* y pienso que con mejor título, pues se trata ahí, al mismo tiempo, de hermanos en la sangre y hermanos del instituto de San Juan de Dios–; no solo en *El Doliente,* cuya invalidez física envidia la fortaleza del hermano de leche, mentalmente inválido, sino en la propia *Campana de Huesca,* donde la primogenitura impávida de un infante ha descorazonado al otro, y quiere anularlo más allá de la muerte (él transforma aquí el odio resentido en renunciación); y hasta en *El Hechizado* mismo, que hace moverse al postulante en viaje a la Corte, impulsado por la nostalgia de un padre poderoso y desconocido. Y conviene notar que a los seres humanos sometidos a la experiencia del poder no los encierra inexorablemente el autor entre los extremos de la organización fría y desalmada por un lado y, por el otro, los elementales movimientos del ánimo. Si la renuncia al mundo es en *La campana de Huesca* mera flojedad y piedad falsa, en *San Juan de Dios* es caridad ardiente. Con ello, las novelas, que han aspirado en conjunto a ofrecer ejemplaridad, entreabren un cauce piadoso a la naturaleza humana para salvarse de la desesperación.

Con esto, quedan reseñados los elementos ideológicos que a primera vista pueden descubrirse en *Los usurpadores.* Los excesos de nuestra época y las personales vivencias del autor justifican que perciba y subraye lo demoníaco, engañoso y vano de los afanes dominadores, y que vea la salud del espíritu en la santa resignación.

Pero ¿por qué apela a la conciencia de sus lectores, no desde el suelo de estas experiencias inmediatas que, más o menos de cerca, toda nuestra generación comparte, sino a través de «ejemplos» distantes en el tiempo? Probablemente, para extraer de ellas su sentido esencial, que los inevitables partidarismos oscurecen cuando se opera sobre circunstancias actuales.

Al proceder así, se expone empero a los conocidos riesgos del género histórico que, pese a rebrotes incesantes, tuvo su época de sazón y lleva el estigma de una subsiguiente decadencia, pródiga en aguanosos e insípidos frutos. No podía ignorar él esos riesgos, puesto que los materiales que utiliza fueron explotados antes por poetas, dramaturgos y novelistas –escritores a veces menos que medianos– del romanticismo y posromanticismo español: tras los romances del duque de Rivas, los hechos del rey don Pedro, conservados en la prosa enjuta del canciller López de Ayala, excitaron a la frondosidad del folletinista Fernández y González, quien también popularizó al Pastelero de Madrigal, traidor, inconfeso y mártir para Zorrilla; y hasta el político Cánovas del Castillo hubo de permitirse una novela sobre la incierta leyenda de don Ramiro el Monje. Si el autor se decidió a reelaborar ahora esos materiales, ya tan manoseados, fue tal vez por hallar en ellos la ventaja de unas situaciones históricas bien conocidas y, no obstante, desprovistas, por remotas, del lastre interesado que comportan las de nuestra experiencia viva; en consecuencia, más capaces de rendir las intuiciones esenciales que mediante su nuevo tratamiento artístico persigue. Apenas será necesario advertir que estas narraciones no recogen, a lo más, sino el nudo de la situación respectiva en cuanto aparece como significativo para las intenciones estéticas correspondientes; los personajes, o son en absoluto imaginarios –los personajes activos del *San Juan de Dios* y de *El Hechizado* carecen de toda apoyatura histórica; el santo y el rey, solo muy leves las tienen ahí–, o han sido configurados de manera libérrima, según esas mismas intenciones. El ambiente de época está reducido a indicaciones sumarias: no hay en todo el libro ninguna reconstrucción arqueológica; no sucumbe jamás al fácil y falso encanto romancesco que, mediante la evasión hacia épocas pasadas, suele derivar al baile de máscaras. Pocas y sucintas notas bastan para situar la acción, dándole una referencia precisa –a veces, una fecha–, muro de contención contra la también deleznable fantasía intemporal; de manera que, atraída la atención del lector hacia la época pertinente, no se le obligue a transigir con su guardarropía.

Con todo, el emplazamiento de una acción en el tiempo histórico tiene sus exigencias, y una de ellas es la adecuación del lenguaje –con lo que se esboza el peligro para el autor de incurrir en pastiche, de realizar arqueología idiomática–. El recurso a que algunos modernos acostumbran echar mano para eludirlo es imprimir al tratamiento de sus materiales –muchas veces, depurados con notable esfuerzo erudito– un sesgo de ironía, cuando no sazonarlos de humorísticos anacronismos. Guiño sutil o burlesco al lector, que no obedece tanto a una necesidad interna de la obra como a la experimentada por quien la escribe de salvaguardarse contra la sospecha de pedantería o de inocente romanticismo, y que si la liga con la actualidad es de modo artificioso y externo, aun cuando no por eso desprovisto de mérito. El autor de este libro ha desdeñado tan seguro recurso; prefirió, sin disfrazar su estilo espontáneo, darle a cada relato una moderada inflexión de época, que sugiera pero no imite; y, desde luego, se ha abstenido de introducir arcaísmos de diccionario. Así, por ejemplo, a la atmósfera agitada, patética, del *San Juan de Dios* corresponde cierto énfasis verbal, a cargo sobre todo de los discursos proferidos por uno y otro caballeros para trazar, directa, dramática, la historia de su rivalidad y de su apasionada lucha. Enfático es también el modo como se muestran en su curso las señales del destino –el castigo de las manos violentas, amputadas por el acero; el de las manos lúbricas, forzadas a palpar, muerta, la carne cuyo calor habían profanado–, entre tantos otros contrastes como la novela ofrece. Pero ese tono levantado destaca en ella sobre el doble marco de la simple, directa y a veces brutal naturalidad del muchacho, y la oscura efusión piadosa del santo, no libre de alguna malicia villana. Por otra parte, la presentación de toda la trama a partir de una vieja pintura aleja y encuadra la narración convenientemente. Y si de ahí pasamos a *El Hechizado,* hallaremos, en cambio, un lenguaje cuya sobriedad toca en pobreza: los sentimientos deben permanecer ocultos, omisos; se prohíbe todo esplendor verbal por el orden del que se despliega a ratos –ahí sí– en *Los impostores,* donde el lenguaje barroco recubre, dándole formas hechas, tanto a los impulsos de la desbocada ambición como a un tierno enamoro doncellil, obligado a manifestarse a través de las recargadas fórmulas impuestas por una alta cultura. ¿Qué más cabría decir? El lector reparará sin ajena ayuda en cómo los requerimientos internos de cada relato han determinado la técnica de su desarrollo literario: el vago aire de crónica en *La campana de Huesca;* compostura erudita en *El Hechizado;* un ritmo muy variado en *Los impostores,* desde la majestad hasta el ludibrio; los cambios de perspectiva en *El Doliente,* donde se pasa desde el monólogo del desvalido enfermo a las charlas de sus bajos servidores para volver al frustrado escarmiento dispuesto por el rey; comprobará que si la naturaleza minada de este le impide imponerse, el mismo efecto producirá en el obispo su exuberante naturaleza; observará en *El abrazo* el juego bárbaro de pasiones viscerales a través del ojo astuto, clarividente, de un cortesano y partidario, incapaz, no obstante su habilidad y buen sentido, de encauzar los sucesos de modo razonable; y quizá cuando lo siente rememorar ciertas escenas muy íntimas del rey con su querida se pregunte cómo podría el viejo favorito conocerlas así tan al detalle...

Doy por terminado con esto mi cometido. Consistía en explicar, por encargo del autor, las intenciones latentes de su libro, no en juzgar hasta qué punto ha sabido realizarlas bajo forma artística: para ello, nuestra demasiado estrecha amistad me inhabilita. Sea, pues, el lector quien por su cuenta y riesgo lo compruebe.

F. de Paula A. G. Duarte
Coimbra, primavera de 1948

El rapto
(Alfaguara, 1965)

Mucho había oído ponderar yo, y mucho había leído también, acerca de la enorme afluencia de obreros españoles, atraídos y absorbidos por la industria de la nueva Alemania democrática, pero hasta ahora nunca había tenido ocasión de ponerme en contacto con algunos de ellos. Cierto es que varias veces, por las calles de ciudades alemanas, tanto como en Francia o Inglaterra, me había tropezado con grupos de muchachos a quienes no hubiera necesitado oírles hablar para saber desde luego que procedían de mi propio país. ¿Cómo, sin embargo, abordarlos y entablar con ellos una conversación que no resultara precaria, forzada, precipitada, extemporánea?

A fines del año 1961 la casualidad me deparó por fin un encuentro cómodo, en circunstancias que nos permitieron a mis interlocutores eventuales y a mí conversar naturalmente. Me encontraba yo durante el mes de noviembre en la histórica ciudad de Münster, donde había concurrido a participar en un congreso sobre el desarrollo económico-social de América Latina, y ya durante los días que allí estuve me había cruzado, como otras veces antes en sitios distintos, por la calle, en las oficinas de Correos, con aquellos jóvenes vivaces, alegres, de pantalones estrechísimos a la moda italiana y esos chaquetones de gusto alemán, tan exagerados en su opulencia que seducen la fantasía de quienes nunca poseyeron nada; jóvenes de manos inquietas y voladoras dentro de sus enormes guantes… Y siempre me había dicho: quizás, al visitar una fábrica, podré hablar con algunos de estos. Pero ni visité después de todo muchas fábricas, ni en las dos o tres que visité se me presentaron obreros españoles.

Por fin, terminaban las sesiones de nuestro congreso y se acercaba la hora de irse. El burgomaestre de Münster nos había recibido en la sala donde hace más de tres siglos se concertó el Tratado de Westfalia, iluminada con candelabros como entonces. «Parecía que estuviéramos velando el cadáver del Imperio español», susurré en medio de tanta solemnidad a un colega venezolano que tenía a mi lado. Y pensé de nuevo en los obreros españoles de la industria alemana: iba a irme sin haber tenido contacto con ellos.

Y a irme iba ya, en efecto, dos días más tarde. Llegué a la estación un poco antes del tiempo en que debía pasar el tren procedente del norte hacia París. Aún no había amanecido; la estación estaba desierta. Me entretuve en leer un anuncio, *Italiani!,* impreso sobre los colores rojo, blanco y verde, donde los ferrocarriles ofrecían rebajas especiales a los trabajadores italianos para pasar las vacaciones en su patria. No había nadie en el andén; lo recorrí un par de veces para matar la espera y, al cabo, vi aparecer al fondo, cargando su equipaje, tres personas, dos hombres y una mujer, rubia esta, corpulenta, muy joven, inconfundiblemente germánica, mientras que ellos eran sin duda españoles, y más españoles cuanto más avanzaban, con sus pasos menudos rompiendo la brumosa penumbra, a cada lado de la muchacha alemana.

Ya estaban cerca de mí, poniendo sus valijas en el suelo, y yo esperaba tan solo oírles conversar para tener pretexto de hablarles; pero no decían palabra. Uno de ellos tomó de la mano a la mujer, y se apartaron del compañero, que se quedó solo junto al montón de maletas y bolsas. Entonces me dirigí a él, afirmando más bien que preguntándole:

–¿Ustedes son españoles?

–*Bitte!* –me replicó, sobresaltado–. Sí, señor; sí, españoles; perdone. ¿Usted también?

Así comenzó nuestro diálogo. Me dijo que era de Salamanca, es decir, de un pueblo cerca de Salamanca (su compañero, madrileño); que llevaban ya once meses trabajando en Alemania; que trabajaban cerca de Münster, en una fábrica de pinturas, esmaltes y barnices, y que ahora volvían a España para pasarse las vacaciones en casa, con la familia. Tomarían aquel tren hasta París y en París otro para Hendaya, y al otro día por la noche... Al salmantino se le iluminó la cara de pensarlo. Tenía una cara muy cómica, con los ojillos de mono, interrogantes, bajo el pelo rizoso, y una expresión como de tierno desamparo.

La estación seguía desierta. Aún faltaban diez minutos para la llegada del tren. El otro muchacho y su amiga se habían quitado de nuestra vista, ocultos tras de una columna; y mientras, haciendo tiempo, el salmantino y yo conversábamos tranquilamente.

Me dijo que sí, que estaban contentos en Alemania; que para ellos la única dificultad era el idioma. Verdad es que, en lo necesario, uno aprendía pronto a defenderse; lo necesario: las rutinas del trabajo, del hospedaje, de la *gastete* –es decir, la *Gaststate,* la fonda–; pero, fuera de esas rutinas, ¡qué idioma imposible! Ciertos individuos, como uno que conocía él, de cerca de su pueblo, tenían la fuerza de voluntad y se pasaban horas muertas estudiando; pero para eso hay que tener mucha fuerza de voluntad.

–Las que nos ayudan bastante son las chicas –observó sin malicia, sin alarde–. Las chicas, sí, tienen bastante paciencia y nos ayudan.

–Ya veo –respondí apuntando con la mirada hacia el sitio donde estaban, medio ocultos, su compañero y la rubia corpulenta.

–Las muchachas aquí –prosiguió– piensan que pueden hacer lo que les dé la gana, como los hombres; y tienen razón. Nadie las mira mal por eso; no es como en España. Después de todo, tienen razón, ¿no le parece a usted?

—Ya veo que ustedes se entienden mejor con las mujeres que con los hombres —concluí para tirarle de la lengua.

—No, si los hombres se portan bien con nosotros; no hay queja; nos aprecian; son buenos compañeros. Claro está, hay de todo; pero, en general… Fíjese, un día yo me rompo una pierna jugando al fútbol; bueno, me hospitalizaron, como si hubiera sido un accidente del trabajo.

—Ocurriría a lo mejor en la fábrica.

—No, ¡qué va!, en un solar; pero los muchachos me llevaron, y no sé cómo es que se arregló todo; estuve en el hospital veinte días, y…

Con sus gestos y sus inflexiones de cómica ingenuidad me ponderaba mucho el vendaje que le habían hecho. Aquel vendaje, enorme, complicado y tieso, le había llamado la atención; se reía, recordándolo: «¡qué vendaje!».

De pronto, cambiando de tema, dice:

—Hay que darse cuenta: son un poco raros estos alemanes. Son como son. Conmigo ninguno quiere trabajar en pareja. Cuando el *master* me dice que busque uno para que me ayude, ninguno quiere. Y ¿por qué? Pues porque dicen que yo hago las cosas con mucha bulla. Lo que pasa es que, a los cuatro meses de estar aquí, ya los españoles hacemos el trabajo tan bien como los alemanes, y más de prisa; ellos lo hacen bien, pero… Les molesta lo de prisa que nosotros trabajamos.

Lo ha dicho también sin alarde, sin jactancia, sencilla y honestamente. De pronto, suelta una risotada con su boca desportillada:

—Una vez me hizo explosión la caldera. El *master,* que estaba al lado mío, salió más lastimado que yo; y yo, otros quince días de hospital. Pero se comprobó que la culpa no había sido mía; se pudo comprobar que estaba mal hecha la mezcla, de manera que ¿qué culpa iba a tener yo?

Llegó el tren, se detuvo. Me apresuré a montar con mi maleta, y ya arriba observé al grupo de los dos españoles y la alemana afanándose por subir los bultos de su equipaje, que eran varios. Finalmente, la rubia les alargó desde el andén una última bolsa y se hizo atrás para decirles adiós con la mano.

Ya el tren se había puesto en marcha, y los dos jóvenes avanzaban, cargados, por el pasillo adelante.

–Aquí hay un compartimiento vacío –les grité yo, que había recorrido varios entreabriendo las puertas.

Entré primero, y ellos me siguieron. El compartimiento no estaba tan vacío como yo había creído; alguien, envuelto hasta la cabeza, dormía tendido en uno de los asientos; y ese alguien se incorporó al sentirnos, estirando los brazos, quejándose: «¡Ay, madre!»; preguntó: «¿Italianos?», inquirió: «Yo, *espanich*».

–¿Tú eres *espanich*? –le dijo el salmantino jovialmente–. Pues también nosotros. Anda, majo, despierta.

Entre tanto, el durmiente ya había bajado los pies al suelo y, sentado, extendía de nuevo los brazos para juntar las manos tras de la nuca. Era un muchachote alto, fuerte, macizo, rubio, con unos ojos azules que se abrían, reidores, al salir del sueño.

–Conque *espanich*, ¿eh? –insistió el salmantino–. Y ¿de dónde?

–De Sevilla.

–Pues, mira, hombre, este señor, aquí, es andaluz igual que tú –le informó, señalándome de lado. Con la charla del andén nos habíamos hecho amigos. El salmantino se había sentado junto a mí en el banco libre, mientras que su compañero madrileño, después de acomodar el equipaje, se instalaba, taciturno, en el rincón donde el andaluz había tenido puestos los pies–. De modo –prosiguió con su jovialidad un tanto melancólica el salmantino–, de modo que en este compartimiento, ¡españoles todos!, ¡todos *espanich*! Si quiere meterse algún alemán, lo tiramos por la ventanilla.

El sevillano declaró, bostezando, que estaba muerto de sueño; que había abordado el tren dos horas antes, en Hamburgo, y que esas dos horas era todo lo que había podido dormir aquella noche.

–Pues ya se te ha acabado el sueño, galán. ¿No ves que está amaneciendo?

Estaba amaneciendo. Tras los cristales se dibujaba, nebuloso, el campo lleno de factorías. Todo lleno de factorías, entre la neblina y el humo.

Se produjo un silencio. El madrileño, por lo visto, no tenía gana de hablar. El sevillano, frente a mí, procuró –como quien se rasca la cabeza– arreglar un poco su pelambrera rubia. Me miraba, caviloso, de vez en cuando.

–Así que este señor es sevillano –aventuró por fin.

–No, granadino –le dije–; soy granadino, pero hace ya mucho tiempo que no vivo allí.

–Y andará por Alemania para negocios.

–Sí, un viaje rápido; pero –le aclaro– yo no vengo de España, no vivo en España: desde hace bastantes años vivo en América.

–¡Ah, en América! –exclama–. Por allá todo debe de ser muy distinto. Algún día quisiera yo irme a América.

–¿En qué trabajas tú? –inquiere el salmantino.

–En el campo; yo trabajo en una granja, cerca de Hamburgo.

«Trabajador agrícola», pensé. «Buen salto, del campo andaluz al norte de Alemania.»

–¿De qué pueblo decía usted que es, amigo? –le pregunto.

–De Sevilla misma; no soy de ningún pueblo; soy de la misma Sevilla... Aquí no es como en España, aquí todo está mecanizado; mi oficio es mecánico; trabajo con las máquinas –agregó. Seguía mi pensamiento, como yo el suyo.

–Y ahora, de vacaciones, ¿eh?

–Pues sí, señor; hace ya dieciocho meses que estoy aquí.

–Esta tarde, en París, y mañana a la noche, en España –proclamó jubiloso el salmantino–. ¡Qué buen país sería España, si se pudiera vivir allí!

–¡Que lo digas! Pero…

Hablaron entre ellos de lo que ganaban, de lo que cada cual hacía; de los precios del alojamiento y de la comida en uno u otro sitio; de los jornales y horas extraordinarias; de los sábados, de los domingos. El que lo necesita, o quiere, siempre puede ganar algún dinerito más.

–Pues yo –dice el sevillano–, la verdad, a nada le hago ascos. ¿Horas extraordinarias? ¡Vengan! ¿Que por qué no limpio las máquinas, hoy que es domingo? ¡Cómo no! ¡Las limpio! A las cinco de la tarde una buena ducha, y me voy para la calle hecho un rey, con la cartera bien repleta. Uno es joven. ¿Es que va a tenerle uno miedo al trabajo cuando se es joven? Si lo pagan…

El salmantino opinó que, precisamente porque uno es joven, hay que vivir. Hay algunos que, cebados por la codicia, no viven: trabajar y trabajar. Él no; él vivía. «Por supuesto que si uno vive, tampoco va a sobrarle luego mucho dinero; gastarlo es fácil. Pero uno vive, eso sí; por lo menos, eso; que en España tú no vives aunque eches el bofe. ¡Qué va! En España, ni para mal comer ganas. ¡Qué buen país sería España, si uno pudiera vivir! Aquí, siquiera, vives. Y te respetan. Hay respeto. Aquí, uno es un señor. Hay que disfrutar algo, cuando se es joven. No digo los que se han dejado allá una familia y tienen que mantenerla; esos, claro, no pueden nunca darse un gusto, como no sea ese, el de mandarle a la familia la mitad de lo que ganan, privándose ellos de cualquier expansión. Otros (como aquí este) –y apuntó maliciosamente al sevillano, sentado frente a él– vienen a hacer la América en Alemania y regresan hechos unos indianos… ¿Eh, majo? ¿Cuánto llevas ahí, amarrado al bolsillo? Ten cuidado en París, y sobre todo cuando llegues a Madrid, que hay mucho carterista y mucho granuja.»

–¡Quítate allá, hombre! –ríe el sevillano, defendiéndose. Se le ríe la cara curtida, se le ríen los ojos azules; todo él ríe, pensando en la pacotilla que ha hecho–. ¡Quita, hombre, quita!

–Si está bien; si yo no tengo nada en contra –insiste el otro–. Cada cual sabe lo que le conviene.

Y ya en tono serio:

–¿Piensas regresar?

–Pues todavía no estoy seguro de lo que voy a hacer.

–Volverás –le pronostica–. Y ¡qué remedio! Lo malo es –reflexiona– que no resulta nada fácil entenderse con estos alemanes.

–No crea –le arguyo–. Al principio, es natural; pero al cabo del tiempo se encuentra uno con que domina el idioma sin saber cómo.

–No, si no es la cuestión del idioma. Es que son otros gustos, otras costumbres. Yo ni me explico cómo pueden ser así. A nosotros los españoles nos divierte andar con los amigos, salir, armar barullo... Pero estos son unos pelmas: del trabajo a casa...

El madrileño había estado callado todo el tiempo, distraído, mirando hacia fuera. Hemos atravesado la región de Essen, hemos pasado Düsseldorf; cae una lluvia finita; y él no ha intervenido en la conversación para nada. Pero ahora tercia, interviene con vehemencia, en tono cortante.

–Lo que ocurre es que los alemanes tienen casa; y si un hombre está casado y contento con su mujer, ¿qué mejor, cuando termina el trabajo, que irse a ver la televisión en casa, muy cómodo, y con su cervecita al lado? No es porque sean alemanes; todo el mundo haría igual, si pudiera. En cambio, ¿qué es lo que pasa en España? Vuelve el hombre reventado de cinchar, y no se encuentra más que problemas y malos humores: que si hay que pagar esto, que si los zapatos ya no aguantan más, que... Total, se sale para la taberna de la esquina, pide un litro de tinto, y se pone a hablar de fútbol. En España, lo único que se hace es hablar de fútbol. ¿O no tengo razón?

—Es lo que yo digo —asintió el salmantino—. España sería un país estupendo si uno pudiera vivir. Aquí, tal o cual detalle te fastidia, pero puedes vivir; aquí, uno es alguien.

Ya el madrileño está otra vez mirando más allá del vidrio, con la mejilla sobre el puño y el codo en el marco de la ventana. Sin duda, supongo yo, la imagen de su rubia hermosota le ocupa la mente.

—¡Despierta, chaval! —le sacude su amigo—. Que pasado mañana estás paseándote por la Puerta del Sol. Se acabaron las nieblas, se acabaron las lluvias.

—A ver si te vas a creer tú que en Madrid no llueve también siempre que se le antoja —le replica el madrileño. Decididamente, su humor no es festivo.

Pasamos a hablar sobre el viaje que llevan, cada uno. Van juntos hasta Madrid (y todavía se les agregarán algunos otros por el camino); luego, se separan y…

—Este señor sí que tiene un viaje largo: América.

—Pero con eso y todo, fíjense, puedo estar en mi casa antes de que lleguen ustedes a las suyas.

El sevillano me pregunta cuánto cuesta el pasaje a Nueva York. Saco mi boleto y se lo paso. Lo escudriña, echa cuentas de equivalencia en pesetas, pondera: «¡Caramba!». Luego, le deja el boleto al salmantino, que también tiene curiosidad.

—En Estados Unidos —aventura el sevillano— un mecánico ganará más que en Alemania.

—En Estados Unidos —le contesto yo— los jornales son casi el doble que en Alemania.

—¡Casi el doble! —Se ríen; y el salmantino comenta:

—¡Casi el doble que en Alemania, y aquí se gana cuatro veces lo que en España!

Discuten jornales, descuentos, el costo de la vida.

–¿A ustedes no les hacen rebajas especiales en el ferrocarril, como he visto que se las hacen a los obreros italianos? –les pregunto.

–¿A nosotros? ¡Qué va! No, señor. A nosotros, no.

–Yo –informa, voluble, el salmantino–, el año que viene, en lugar de irme por tren para las vacaciones, volveré a España en automóvil, como un señor. Un muchacho amigo sale para allá el sábado con otros dos en su Volkswagen; a mí me ofreció si quería completar el cargamento, pero por no esperar al sábado... Ese Volkswagen fue una ganga; si uno está al tanto, surgen oportunidades. Lo que a mí me gustaría encontrar es un DKW.

–Sí, hombre, por cierto –apunto yo–, he visto que hay un modelo nuevo de DKW. Yo ni sabía que vuelven a fabricarlos. Y sí que es un coche bonito. Antes daba buen resultado, pero bonito no era.

–Y como observo miradas interrogativas, añado–: Antes de la guerra andaban por España muchísimos, del viejo modelo; pero ustedes, claro, no se acordarán.

El salmantino, con su sonrisa desamparada y cómica, contesta:

–¡Cómo voy a acordarme, si no había nacido!

Y yo pienso: «La guerra de España pertenece a la historia, ya. Este mismo año se han publicado dos o tres historias de la guerra civil española. Y estos muchachos que trabajan en la industria de la nueva Alemania, todavía no habían nacido».

Hemos llegado a Colonia: aquí dejo yo el tren. Les doy la mano y les deseo buen viaje.

–Igualmente –me responden.

Las plumas del fénix
(Alianza, 1989)

Quienes hayan tenido la curiosidad de seguir, más o menos de cerca, los pasos de lo que pudiera llamarse mi carrera literaria, que comenzó muy temprano con una novela temerariamente escrita a los dieciocho años de edad, saben que –en medio de la publicación de escritos muy diversos– mi vocación y mi principal empeño han estado dirigidos siempre hacia la prosa narrativa. El cultivo de relatos imaginarios me ha procurado la mayor satisfacción, y en este género creo haber producido obras dotadas de alguna perennidad. Nadie podrá extrañar, siendo así, que, al margen de la creación de ficciones tales, me haya preocupado también por los problemas que dicha creación suscita, y que, apoyado en mi propia experiencia, haya intentado investigar y discurrir acerca de las peculiaridades, recursos, dificultades y felicidades del ejercicio novelístico; dicho en otras palabras: que me haya aplicado también, siquiera marginalmente, al estudio de la teoría literaria y a la práctica del análisis crítico, actividades estas favorecidas y estimuladas por la circunstancia de haber debido dedicar muchos años de mi vida (como tarea de *pane lucrando*, aunque grata) a la enseñanza de la literatura.

Durante esos largos años en que fui profesor, la teoría y la crítica literarias alcanzaban en el mundo académico un desarrollo espectacular. Desde varios ángulos y con perspectivas muy diversas, se las estaba afinando hasta un grado inverosímil, hasta –como suele decirse– partir un pelo en cuatro, y esto dentro de escuelas simultáneas o sucesivas, con vigencia efímera pero de virulento dogmatismo en todo caso. En el año 1975 redacté, y publiqué luego bajo el título de «La disputa de las escuelas críticas», unas páginas para cierto coloquio organizado en Nueva York sobre los métodos contemporáneos de análisis literario (crítica según arquetipos, crítica formalista, crítica lingüística, marxista, psicoanalítica, estructuralista…), a participar en el cual había sido invitado. Esa ponencia mía se proponía evidenciar, un poco al sesgo, el hecho de que, con todo su exquisito refinamiento, la actividad crítica estaba alejándose de la misión que, según resulta obvio, le pertenece: la de acercar la obra de arte a la comprensión del público lego, pues abandonaba las explicaciones conducentes a abrirle al lector un acceso a la estructura verbal en busca de su íntimo sentido para entregarse en cambio a un juego de sutilezas ingeniosas y oscuras, a verdaderas logomaquias muchas veces dirigidas –con desprecio del lector común– a privilegiados especialistas en puridad, a los colegas y miembros de la secta respectiva, en posesión de su particular lenguaje. Por supuesto, cualquiera que se lo propusiese podía aprender la correspondiente jerga, y fueron muchos los jóvenes profesores, y algunos machuchos, que con diverso grado de proficiencia y donosura se aprestaban a dar muestra de tan arcanas como estériles habilidades, de cuya oportuna exhibición dependía acaso su empleo académico; esto es, su cátedra universitaria. En el general entusiasmo por la novedad o moda de la temporada, la obra literaria solía quedar reducida en sus manos a mero pretexto para lucimiento del estudioso, quien provisto de técnicas tan puramente instrumentales y neutras lo mismo podía acreditar su destreza sobre un texto de calidad excelsa que sobre el más deleznable.

Varios de mis relatos imaginarios fueron sometidos a manipulaciones semejantes, bajo cuyo entramado podía detectarse, por fortuna para este autor, una perspicacia y sensibilidad crítica por parte del estudioso que no hubiera necesitado de ese andamiaje para operar, más bien la embarazaba y ocultaba. Por eso, y para expresar mi reacción en forma indirecta, me divirtió hace poco poder citar en un artículo de prensa una entrada del precioso dietario publicado por el gran poeta brasileño Carlos Drummond de Andrade, que decía: «Aturdido, leo en el periódico el artículo en que se analiza uno de mis poemas a la luz de las nuevas teorías litero-estructuralistas. Trabo conocimiento con expresiones de este género: "dinamismo de los ejes paradigmáticos", "núcleo sémico", "invariante semántica horizontal", "forma de referencia paralizante e indirecta", "matriz barthesiana"... El poemilla, que me parecía simple, se tornó sombríamente complicado, y me encontré ser un monstruo de tinieblas y confusión». Mi viejo amigo se burlaba suavemente de su concienzudo y docto crítico, quien por su parte quizá desdeñaría la ignorancia del inconsciente genio.

Bromas aparte, lo cierto es que esas escuelas críticas en disputa, todo ese cúmulo diversificado y beligerante de aquilatadas especulaciones y más especulaciones, construcciones y deconstrucciones alrededor del lenguaje, constituye un fenómeno de significación profunda, por cuanto que –en correspondencia con otros varios, paralelos– revela, destaca y permite describir los rasgos culturales típicos del actual momento histórico, el bizantinismo de esta llamada posmodernidad, que a su vez se da también ya por agotada y extinta. Pero además de rendir testimonio auténtico de nuestro tiempo, lo cual sería por sí solo suficiente título de legitimidad, no hay duda de que sus diversos esfuerzos han aportado maneras nuevas y muy penetrantes de llegar a un conocimiento mejor del hecho literario y a un tratamiento más serio de la operación crítica. Basta abandonar los dogmatismos de escuela y prescindir de inútiles y enfadosas excrecencias teóricas para que ahora el estudioso encuentre despejado el camino y pueda encarar cada objeto literario según lo exige su índole esencial de obra de arte, superando así las simplistas superficialidades que tan frecuentes fueron en un pasado no demasiado remoto.

Ajeno yo a cualquier disciplina formal, he procurado en estos escritos míos asomarme a la literatura en general, y considerar en particular los productos literarios concretos de que ocasionalmente me he ocupado, desde un puesto de observación determinado por mi propia experiencia de novelista: el puesto de alguien que ha trabajado por su propia cuenta en la composición de tales productos –llámeseles artefactos, si se prefiere– como son las obras poéticas. En consecuencia, me he colocado ante los textos en actitud de averiguar el proceso creador que en cada caso condujo a su autor a edificar la estructura verbal en que ellos consisten, estructura definitiva e intocable ya, pero a la que ese autor, en su intención de alcanzar un objetivo de valor estético, ha debido llegar a través de medios históricamente dados cuya utilización implica una aventura llena de hallazgos felices y también de tropiezos. Quiero decir que me he empeñado en figurarme la obra *in status nascendi*, repristinándola en mi imaginación para tratar de capturar su sentido y alcance.

Son tentativas diversas y pertenecen a períodos distintos de mi vida, pero responden a una postura firme y –pienso yo– presentan una trabada coherencia interna. Aquí las entrego al lector para que él juzgue por sí mismo.

El escritor en su siglo
(Alianza, 1990)

Cuando se tiene la edad que tengo yo, colocarse ante la perspectiva de la venidera centuria equivale un poco a detenerse como Moisés a contemplar desde lejos la tierra de Canaán; aun cuando esto, en mi caso –debo confesarlo–, sin la ilusión vicaria con que el patriarca bíblico vislumbraba un futuro que ya no sería el suyo, pues ciertamente la experiencia vivida en el presente siglo y lo que la historia enseña acerca de los pasados no me permite hacerme demasiadas ilusiones sobre la aptitud del ser humano para reconstruir sobre el terreno de la realidad el Paraíso perdido de sus ensueños.

Ha sido la mía una larga vida de escritor público, comenzada antes de cumplir los 17 años de mi edad y prolongada sin muchas pausas hasta la fecha de hoy. Durante ella he dirigido una atención constante hacia el desenvolvimiento de los acontecimientos en torno mío a la vez que procuraba expresar mi visión del mundo en obras de imaginación literaria. Así, mi labor escrita presenta dos grandes vertientes: por un lado, la del comentario encaminado a interpretar el curso de la historia donde me encuentro sumergido, y por el otro, la plasmación artística de mis intuiciones acerca de lo que pueda ser la realidad esencial. Esta última vertiente, específicamente literaria, contiene también un sector de tipo teórico-crítico que responde a mi actividad docente, pues la mayor parte de mi carrera profesional ha estado dedicada, como enseñante, a los estudios literarios. Con todo, no he de ocultar –y más de una vez lo he declarado– que es en la creación imaginaria donde creo hallarme en terreno más propio, y donde espero que mis esfuerzos creativos puedan alcanzar alguna perduración. Pero, en definitiva, el conjunto de lo producido y publicado por mí en direcciones diversas presenta una íntima trabazón y remite en último extremo a la individual personalidad del autor.

Veamos, pues, ante todo cómo entiendo la situación de nuestro presente histórico ahora, al concluir este siglo en cuyos albores me tocó a mí entrar en danza; en esta universal danza humana que, finalmente, es y no puede dejar de ser sino danza de la muerte. Como sociólogo, he consagrado dilatada atención durante muchos años a examinar el proceso seguido por nuestra civilización moderna hasta llegar al punto en que ahora nos hallamos, cuando esta civilización abarca y cubre por completo, tecnológicamente, a la totalidad del planeta.

En el prólogo a la última y todavía vigente edición de mi *Tratado de Sociología* procuraba yo justificar el hecho de no haber creído necesario alterar para nada su texto, tras de preguntarme retóricamente cómo es que podía conservar este su entera validez al cabo de cuatro décadas largas. A tal justificación llegaba mediante una serie de razonamientos que, en suma, se reducen a lo siguiente: el *Tratado* está encaminado a analizar el curso de la historia universal donde, a partir del Renacimiento, se ha desarrollado el proceso civilizatorio hasta el punto de unificar técnicamente este planeta que habitamos, según podía vislumbrarse ya al término de la Primera Guerra Mundial, pero que llegó a hacerse evidentísimo cuando, en 1945 –fecha de publicación de mi obra–, la segunda y definitiva conflagración bélica había concluido reclamando perentoriamente un radical replanteo del edificio social para reorganizar el conjunto de las relaciones interhumanas de manera adecuada al alcance de los formidables recursos que entre tanto el progreso había puesto a nuestra disposición. En otras palabras: la situación de *tabula rasa* que la guerra había dejado sobre la tierra exigía una reconstrucción de nueva planta y ahora en términos globales; pero en lugar de proceder a ella con la audacia e imaginación requeridas, las dos superpotencias que salieron triunfantes de la contienda se limitaron a efectuar, acá y allá, tímidas restauraciones, congelando la situación en la paralizadora «guerra fría», que ha durado hasta ayer mismo.

Cuando, retrospectivamente, volvemos los ojos hacia el prolongadísimo lapso que corre desde el final de la Segunda Guerra Mundial hasta estos años últimos y recientes, en los que, aflojadas las tensiones de la «guerra fría» y saliendo del aparato de poder impuesto al globo terráqueo por la compartida dominación rival entre ambas «superpotencias», parecería que el mundo vuelve por fin a ponerse en movimiento a la busca de un nuevo orden, no puede dejarse de sentir como dolorosa la pérdida que para uno supone el haber tenido que pasarse la vida entre paréntesis, es decir, en el encierro de un estancamiento histórico durante el cual las frecuentes convulsiones padecidas no conducían a parte alguna ni permitían vislumbrar perspectivas de ninguna clase.

Ahora, ya, parece llegado por fin el momento en que empieza a percibirse un deshielo, y en que será posible plantearse en serio la tarea de interpretar la situación para descubrir las previsibles líneas de desarrollo futuro, anticipar las dificultades y proponer soluciones alternativas. Las condiciones creadas en el planeta por el despliegue de la historia universal hasta la Segunda Guerra Mundial, y por los desarrollos tecnológicos ulteriores, fruto de la fase postrera de una ininterrumpida revolución industrial, crean en efecto problemas cuya amplitud y radicalidad requiere soluciones de alcance nunca antes contemplado, soluciones que sin duda deberán ser tanteadas mediante los métodos idóneos. Así, pues, la primera tarea consistirá en establecer el cuadro de esa problemática, es decir, determinar cuáles son las exigencias de la situación para, en vista de ellas, proponer las soluciones que más oportunas parezcan. Personalmente, ya no me será dado asomarme a vislumbrar el panorama que con mayor o menor vaguedad la imaginación anticipa; pero creo que, con todo, este escritor de temas político-sociales puede atreverse a augurarle a las generaciones venideras un porvenir más despejado y prometedor que la dura realidad en cuyo seno ha debido pasar las décadas centrales de su estación en nuestro torturado y empequeñecido planeta; un porvenir de rasgos generales que muy poco tendrán en común con los del mundo ya periclitado; un porvenir en el que deberán aparecer formas de vida, actitudes y pautas de conducta típicas inéditas hasta hoy.

Sin embargo, y por más que la naturaleza humana sea, como lo es, plástica y flexible en grado sumo, hay en la condición del llamado *Homo sapiens* un algo que garantiza la continuidad dentro de la variación, una unidad esencial por debajo de las diversidades caracterológicas y sociológicas. Y ese algo es la angustia metafísica del ser que se pregunta acerca de sí mismo y acerca del mundo en cuyo seno se encuentra; una pregunta que –activa o tal vez sofocada en medio del tráfago de lo cotidiano– a todos nos reclama desde el fondo de la conciencia despierta; la pregunta, en fin, con la que Segismundo clama en *La vida es sueño*. Si hoy podemos entendernos –esto es, simpatizar, sentirnos solidarios– no ya con nuestros contemporáneos, sino también con quienes vivieron en un tiempo pretérito; si somos capaces de comprender los motivos, los sentimientos, los sufrimientos y alegrías de los héroes –históricos o imaginarios– de tiempos remotos y civilizaciones ajenas y, a pesar de ser tan diferente el cuadro social dentro de cuyo marco se desenvolvieron, nos emocionamos con sus destinos, es porque todo vivir específicamente humano está orientado por el afán de rebasar la esfera de lo meramente biológico para darle a la propia existencia un sentido autónomo.

Los múltiples esfuerzos que en tal dirección ha efectuado y continúa efectuando la humanidad a lo largo de la historia, cuando no quedan agotados en la subjetividad del individuo, se objetivan para perdurar y operar como productos de cultura en diferentes ramas de la actividad creadora. La religión, la metafísica, la filosofía, el arte en sus diversas manifestaciones, constituyen estructuras espirituales a través de las cuales se establece una comunicación mental y sentimental entre los seres humanos, estimulando su elevación a niveles que superan la animalidad básica. En la medida en que tales estructuras espirituales alcancen a ofrecer respuestas válidas a la radical pregunta por el ser, o siquiera procuren una razonable aproximación hacia esas quizá inalcanzables respuestas, conseguirán una mayor o menor pervivencia efectiva. Y, en concreto, cada particular producto de cultura, desde los más sublimes hasta los ínfimos y modestos, logrará pervivir un lapso más o menos prolongado según sus propias potencialidades. En tal sentido debe entenderse lo que antes dije, al indicar que es en mis escritos de invención imaginaria, es decir, «poética», donde yo por mi parte tengo cifrada alguna esperanza de mantener un poco en la memoria ajena las huellas de mi paso por la tierra.

Ahora bien, los productos de cultura –todos ellos, desde una grandiosa concepción metafísica hasta el más *kitsch* de los adornos, desde el Partenón o la Capilla Sixtina hasta las películas de Superman– no nacen, ello es obvio, en el vacío, sino condicionados por la respectiva situación histórico-social. Y así la literatura de imaginación, como todo el resto, depende de factores a los que forzosamente ha de acomodarse en su caso el genio creador. En sus rasgos se refleja ese condicionamiento, de modo que cuando leemos una epopeya antigua o una canción medieval, un soneto barroco, una novela picaresca, un drama romántico, sentimos que su autor nos habla desde el interior de unas circunstancias distintas de las nuestras actuales. Con frecuencia tendremos que ser capaces de despojar sus palabras, desnudándolas del revestimiento histórico en que vienen envueltas, o –mejor dicho– de colocarnos en una posición que nos permita entenderlas tal como llegan a nosotros, dentro del ropaje de su actualidad, para poder alcanzar su sentido neto.

Ese ropaje circunstancial que acompaña a su producción puede ser muy engañoso en cuanto al valor de la obra literaria, de la obra de arte en general. Obras que en su momento han gozado de gran aceptación, de general estima, decaen pronto y son olvidadas para siempre, pues la popularidad que en su día las favoreciera era debida a elementos accidentales ajenos a su valor intrínseco, elementos accidentales que prestaban a los contemporáneos cómodo acceso, mientras que otras obras resistían en contra al paso del tiempo adquiriendo con él la consideración de clásicas, procesos respectivos de obsolescencia o de consolidación que pueden variar en cuanto a su velocidad según sea la del cambio histórico.

Nuestro siglo ha sido uno en que el cambio histórico se hacía vertiginoso. En épocas anteriores las mutaciones estuvieron acompasadas al ritmo de la sucesión de generaciones, de suerte tal que cada cual podía experimentar dicho cambio como un suave deslizamiento hacia un futuro donde el anciano se sentía cada vez más extraño, más desplazado en la añoranza de sus viejos tiempos. Pero ¿cuáles podrían ser «sus tiempos» para un hombre de mi generación? Creo que las personas de mi edad hemos habitado sucesivamente en varios tiempos históricos, y desde luego supongo que ello, al haber pasado el autor desde una época a otra, ha de verse reflejado en el cuerpo de producción literaria tan prolongada como la mía ha sido.

En el campo de la ficción literaria mi producción se ha desenvuelto básicamente como prosa narrativa; y sin duda que, bajo la fundamental unidad del estilo personal, pueden descubrirse en sus rasgos externos las inflexiones impuestas por las diversas circunstancias histórico-sociales de cada período. Afortunadamente para mí, mis críticos han coincidido en señalar una inconfundible persistencia del acento peculiar en la voz narrativa propia del escritor para relatos que, sin embargo, correspondieron en cada instante a la tónica del mundo en torno suyo. Y es que en toda obra de arte cabe distinguir dos niveles de estilo: el estilo personal irrenunciable, aquel al que Buffon identificó con «el hombre», y un estilo consciente, deliberado, que pertenece a la que se ha denominado «voluntad de estilo», y que se pliega a las intenciones expresivas del artista –o del artesano, si así se prefiere– dentro de las corrientes generales de la época.

Cuando, desde el final de siglo en que nos hallamos, me vuelvo a repasar mi pretérito de autor de invenciones imaginarias, veo ante todo un niño leyendo con avidez insaciable en los no escasos volúmenes que componían la biblioteca familiar de su casa provinciana. Había allí libros de los grandes clásicos de nuestra lengua, empezando por *La Celestina* y el *Lazarillo;* libros de los poetas y prosistas románticos, de los realistas (recuerdo bien la primera edición de *La regenta,* recuerdo los primeros *Episodios nacionales);* había incluso alguna obra modernista, como *El alcázar de las perlas;* y había también traducciones, sobre todo del francés: el *Gil Blas de Santillana, El conde de Montecristo,* qué sé yo… Ese niño que era yo leyó el *Quijote* cuando apenas podía entender el léxico y solo a su manera lograba interpretar el texto. Leyó con infatigable aplicación; y, excitado por la lectura, tomaba luego la pluma y, en sus cuadernos escolares, sobre cualquier hoja de papel, ensayaba a ser escritor él mismo. El primer tomo de mis *Recuerdos y olvidos* hace memoria de algún episodio relacionado con esa precoz e invencible actividad literaria mía, cuyo primer testimonio impreso se remonta a fecha previa a la de mi decimoséptimo cumpleaños. A partir de entonces, empezó a aparecer mi firma en algunos periódicos. Es el momento en que, trasladada a Madrid mi familia, y yo estudiante en su Universidad, me empeñaba en hacer efectiva ya mi vocación de escritor, a la vez que procuraba ponerme al día en mis lecturas. Estas fueron, por entonces, principalmente –aparte las obras maestras de la literatura universal a las que antes no había tenido acceso– las de los autores españoles que aún no habían alcanzado a entrar en mi casa provinciana: Juan Ramón Jiménez, los hermanos Machado, Unamuno, Baroja, Azorín, Pérez de Ayala, Ortega y Gasset, Miró… Pero al mismo tiempo que devoraba páginas y páginas, también me puse a redactar, junto a varios relatos breves, una novela, *Tragicomedia de un hombre sin espíritu,* que tuve la suerte de ver publicada y la no menor suerte de que la comentasen favorablemente algunos autorizados críticos. Por lo visto, podía oírse en ella la voz de un escritor legítimo, por más que, sin duda, fuera la obra del joven provinciano solitario sometido a influencias diversas y un tanto ajeno todavía a las más recientes bogas literarias de la época. En seguida entraría en contacto con ellas. La figura sin par de Ramón Gómez de la Serna dominaba, señera, el paisaje de la nueva literatura, junto a los movimientos de vanguardia, creacionismo, ultraísmo, ya a punto de desembocar, confluyendo con otras corrientes, tales la reivindicación de Góngora y un cierto tradicionalismo lírico, en la que se ha llamado generación del 27. Tras alguna breve pausa desorientada, me incorporé con entusiasmo a aquella vanguardia, asumiendo sus tendencias estilísticas en una serie de escritos, discursivos y críticos en parte, pero sobre todo de carácter narrativo, recogidos luego estos últimos en un volumen bajo el título de uno de ellos: *Cazador en el alba.* Esos escritos constituyen una fase bien distinta en mi carrera de escritor, y llevan marcado el sello inconfundible de su momento histórico.

Digo que me incorporé a la vanguardia con entusiasmo, y entusiasmo era la tónica general de aquel período. La renovación literaria que ella representaba correspondía a los últimos tiempos de la fe progresista. Al terminar la que entonces se llamó Guerra Europea, en seguida Gran Guerra y luego, retrospectivamente, Primera Guerra Mundial se pensaba que ese conflicto habría puesto punto final a todas las guerras, y que –si bien quedaban todavía algunos problemas por resolver– en lo fundamental se había conseguido mediante la Sociedad de las Naciones aquella paz perpetua que Kant preconizara en un librito cuya pulcra traducción leíamos, convencidos, los jóvenes estudiantes de entonces. Por su parte, la Revolución rusa había despertado generales expectativas que, para mucha gente, para sus más tenaces creyentes, han durado hasta ayer mismo. En suma, se respiraba una común atmósfera de optimismo a la que correspondía un arte ágil, libre, juguetón, arriesgado, brillante, cuya versión literaria se complacía en la metáfora sorprendente, en la pirueta divertida, en la ingeniosidad.

Pero he aquí que, como tormenta repentina en día de alegre verano, vimos acumularse de pronto sobre nuestras cabezas los negros nubarrones que descargarían de manera siniestra en la guerra civil española y en la inmediata Segunda Guerra Mundial de que ella fue prólogo y ensayo preparatorio, desmintiendo así las felices expectativas previas y poniendo término a la utopía progresista. Fue una hora de desconcierto, de estupefacción; y para mí, de silencio en cuanto a la creación imaginaria. Precisamente el último de mis relatos de vanguardia, *Erika ante el invierno* –y es una anécdota que refiero en mis memorias–, responde bajo su luminoso metaforizar, y sin que yo mismo lo hubiera sospechado, pero no oculto en cambio a los ojos de cierto crítico alemán, al presentimiento sombrío de la gran tragedia en ciernes. Tras esa narración puse una pausa a mi actividad literaria, que había de reanudar después, concluida ya nuestra guerra civil, y dentro del ambiente trágico cuyo fruto espiritual se denominó, tanto para la filosofía como para la poesía, existencialismo.

Esta nueva fase de mi obra narrativa presenta sin duda las señales del tiempo en que se produjo, pero ya no rasgos estilísticos de escuela, tales como los que en efecto, y sin perjuicio de delatar a la vez la personalidad individual de su autor, se manifestaban en las prosas de vanguardia. A partir de ese momento mi vinculación como escritor con la sociedad en que vivía y con el mundo entorno estuvo mantenida en los más amplios términos generales, pero ahora sin hallarme verdaderamente integrado dentro de una concreta «república de las letras» en cuanto que esto significa trabajar en íntima conexión con los demás escritores o cuando menos compartir explícitamente con ellos tales o cuales tendencias artísticas; es decir, que si la obra producida durante esta nueva fase revela en mí, como es inevitable, una difusa impregnación ambiental, las técnicas y demás recursos artísticos empleados para elaborarla son de la exclusiva inspiración del autor. A partir de ahí ha podido observarse en mi evolución literaria un tránsito desde el tono de la más seria y aun siniestra gravedad –*Los usurpadores, La cabeza del cordero*– hacia un humor sarcástico que se iba dulcificando cada vez más, en diversas narraciones, entre ellas las dos novelas consecutivas *Muertes de perro* y *El fondo del vaso,* hasta dejar oír finalmente algunas notas de melancólico lirismo en *El jardín de las delicias,* delatando un significativo proceso de interiorización.

Por supuesto, a lo largo de la posguerra pudo recobrar el mundo –al menos en el occidente cristiano– temple de mayor serenidad, y dispersar las tinieblas que lo habían angustiado durante los años terribles. Incluso se recuperó en cierto momento el espíritu de la vanguardia y –desde luego, no solo en el terreno de las artes– el ansia de libertad gozosa a que esta responde. La literatura, y de ello sería ejemplo excelente el *nouveau roman* francés, adquiere entonces nuevos refinamientos exquisitos. Dentro del paréntesis histórico de la llamada «guerra fría» en que las dos superpotencias estaban empeñadas, la imaginación poética pudo florecer en vías experimentales de gran virtuosismo, y bien cabe afirmar que el arte literario se había provisto ahora de recursos expresivos superiores; pero… poco o nada era lo que pedía de ellos expresión a que merecieran ser aplicados: todo se redujo a un mero ejercicio retórico. También la teoría y crítica literaria refinaron al mismo tiempo durante ese período sus instrumentos, al extremo de partir un pelo en dos, alejándose sin embargo de lo que es su función normal y sana: acercar la obra de arte al público lego, haciéndole comprender los mecanismos conducentes al resultado artístico cumplido en tal obra; pues sus alambicadas elucubraciones constituían una jerga incomprensible para quien no perteneciera a la respectiva escuela. Estábamos metidos en el encierro de una situación histórica «congelada», sin perspectivas, donde si algún futuro se vislumbraba era, pavorosamente, la amenaza de holocausto atómico, algo en lo que más valía no pensar. Era una situación que nos mantenía como «entre paréntesis», mientras que, en el seno de nuestra sociedad occidental, continuaba adelante el espectacular desarrollo tecnológico que la revolución industrial había venido operando desde hacía ya un par de siglos. Al haberse cumplido dicho progreso, con sus inevitables consecuencias sociales de muy largo alcance, dentro de un general estancamiento histórico, resultan explicables, según yo lo entiendo, muchos de los fenómenos contradictorios peculiares de esta segunda mitad del siglo actual.

Vuelve uno, pues, los ojos a su pasado haciendo balance de lo vivido en el prolongadísimo lapso que corre desde el final de la Segunda Guerra Mundial hasta estos años últimos cuando, aflojadas por fin las tensiones del poder político-militar, parecemos estar empezando a desprendernos del encorsetamiento impuesto por la compartida dominación rival entre las dos «superpotencias» que se tenían repartido el mundo, y se reciben con alivio esperanzador las señales de que este vuelve a ponerse en movimiento buscando un nuevo orden. Se trata, como indicaba al comienzo, de la firme promesa de un futuro mejor, ya no para uno mismo, claro está, sino para las generaciones que son todavía jóvenes y para las venideras, promesa que no podría ser la de la utópica felicidad universal soñada por progresistas de toda laya, pero sí la de una existencia humana provista de sentido y orientada hacia el cumplimiento de valores razonables en una sociedad cuyos rasgos particulares son todavía difíciles de anticipar, pero que sin duda se parecerá muy poco a aquella en que hemos vivido hasta el presente.

De mis pasos en la tierra
(Alfaguara, 1998)

En estos días, cuando todo el mundo parece estar viajando, me reduzco en mi reposo estival a la distracción de un *voyage autour de ma chambre* donde vagamente considero el tema del viaje como metáfora de la vida humana. Desde siempre se ha apelado a él para simbolizar las estaciones terrenales del hombre, comparando sus edades sucesivas con las jornadas que le conducirán hasta la terminal de la muerte. Es una metáfora inmarcesible, presente desde siempre en la literatura de todos los tiempos y países; y para tratarlo con profesoral seriedad tendría que acopiar materiales de una erudición… barata, es cierto, pero de todos modos demasiado vasta; así, la sola idea de iniciar el recorrido hacia atrás citando acaso una vez más esa poesía de Antonio Machado –tan admirada, popularizada y hasta puesta en solfa– sobre el viajero que «hace camino al andar» (el siempre invocado *cammin di nostra vita*), sería ya suficiente para hacerle a uno desistir del empeño. Podría quizá tomar ocasión en los cervantinos *Trabajos de Persiles y Sigismunda* para poner de relieve que esa palabra, *trabajos*, equivale ahí a viajes penosos y accidentados, como lo fueron luego también los *Viajes de Gulliver* de Swift, y recordar cómo el vocablo «jornada» designa tanto el trabajo de un día como un día de camino. O bien apelar al no menos cervantino *Viaje del Parnaso*, para embarcarme en una disquisición –o divagación; o excursión– acerca de los muy variados tipos de viaje que pueden darse, desde el arrobado vuelo místico (o bien el *trip* del drogado) hasta los que le muelen los huesos al pobre viajante de comercio, sin olvidar, por supuesto, la heroica expedición de los descubridores ni tampoco el tan trillado organizado *tour*, por no hablar de estos viajes híbridos de cultura y turismo que tantísimas conferencias, congresos y cursos de verano propician hoy. Pero en la ociosidad estival, prefiero entregarme a repasar sedentariamente mis propias transhumancias, pues al fin y al cabo para este viaje no necesito eruditas alforjas, y puede resultarme después de todo, como el de Agustín de Rojas, un «viaje entretenido».

¡Feliz aquel que no ha visto / más río que el de su tierra!, exclamó alguien, cansado quizá de recorrer las ajenas. Por mi parte, yo siempre deseé más bien salir a conocer mundo. El primer viaje que recuerdo con emoción (o cuyas emociones recuerdo) fue el que, a la edad de dieciséis años, debí hacer en tren desde mi Granada natal a Madrid, para reunirme con mi familia ya instalada aquí. ¡A Madrid! ¡A Madrid! La visión imaginaria de la Corte que este chico provinciano traía formada a base de las fotografías de revistas ilustradas y de escuchadas conversaciones, creaba en su ánimo expectativas de la más espectacular magnificencia. No hay que decirlo: al pronto quedé defraudado. *Aquello* (esto es: las calles que, Atocha arriba, encontraba a mi paso desde la estación del Mediodía) no tenía, ni mucho menos, la ilusoria suntuosidad que yo me había prometido. Sin embargo, pasado el efecto del primer encontronazo con la realidad, no tardaría mucho en ponerme a explorar la ciudad, y aprendérmela, y sentirla como propia... Un par de años después, seducido por la visión literaria de España que los maestros del 98 habían impuesto, y en concreto bajo la influencia del barojiano *Camino de perfección*, emprendí durante las vacaciones de verano un viaje a pie por Castilla la gentil y la bravía: tan cierto es que la literatura puede orientar la vida mucho más de lo que suele creerse. Movido por ella y puesto en camino, gasté alpargatas recorriendo sierras y pueblos, dormí en posadas, en pajares o al aire libre, comí lo que se me deparaba, y todo sin que me sobreviniera aventura notable. Luego, al regreso, redactaría y publicaría en *«Los Lunes» de El Imparcial,* hoja prestigiosísima un día y ya para entonces en su última fase de decadencia, unas notas que tal vez no estaban mal como ejercicio literario de un escritor primerizo.

Escritor primerizo lo era ya por entonces, al mismo tiempo que estudiante universitario. Concluidos los cursos de mi carrera, se me planteaba ahora la cuestión de emprender el obligado viaje al extranjero. Semejante peregrinación escolar era tradición europea desde la Edad Media. En el Renacimiento, el país hacia donde se encaminaba la búsqueda de más amplios, renovados horizontes culturales era Italia: ir a Italia resultaba imprescindible; luego sería París; pero en la década de 1920, que es cuando yo debía «ampliar» en el extranjero mis estudios, Alemania era todavía, aunque ya por muy poco tiempo, el regular punto de destino para todo intelectual en formación. Provisto, pues, de la indispensable beca, y con un billete de tercera clase, tomé el tren hacia París, donde pensaba regalarme un par de semanas. Mis juveniles cortedades y el mal tiempo que me tocó en suerte mermarían esta mi primera experiencia, tan anhelada, del mundo exterior. Llovió seguido durante los quince días que estuve en París, y así hube de atenerme a la visita de museos y bibliotecas, sin apenas recibir de la ciudad lo que para mí es más ilustrativo que nada: la impresión directa, abierta y plural de su vida. En cuanto a la capital de Francia, esta experiencia quedó frustrada por el momento.

No así en Berlín, donde en seguida hube de pasar bastantes meses. Ahí ya mis lecturas y todo cuanto corresponde al estricto aprendizaje profesional encontrarían complemento muy holgado en el enriquecimiento que me aportaba el contacto vivo con la realidad de un ambiente tan distinto al mío originario. Quien recuerde y considere lo que los últimos años de aquella década fueron para Alemania y para el mundo entero, puede calcular la profundidad de lo allí vivido entonces por mí. Era un viaje de estudios el mío; pero lo mucho aprendido durante él no salió por cierto ni de los libros ni de las clases.

Tampoco mi nueva ida al extranjero, dos o tres años más tarde y ya en calidad de joven profesor universitario, hubo de mantenerse dentro de los términos de su concreto propósito. Había ido a Viena para asistir allí a un congreso internacional; pero invitado a leer una conferencia en Berlín, hube de protagonizar un pequeño incidente provocado por el nazismo, del que doy escueta referencia en mis *Recuerdos y olvidos*. Empujado luego por las duras circunstancias históricas de las que el incidente berlinés de 1934 fuera para mí preludio, tuve que hacer en los años siguientes muchos y demasiado azarosos viajes. Con la proclamación de la República se había desencadenado en España el proceso político que, dado el contexto mundial de la fecha, debía desembocar en la guerra civil cuyo comienzo me sorprendió en Sudamérica, donde había ido a dar unas conferencias. La angustia creada por el conflicto, una espera tensa, decisiones dudosas, desplazamientos improvisados, las dificultades y peligros que hube de afrontar durante el regreso a España, se encuentran apuntados en mis memorias. Luego, en seguida, de vuelta aquí, en plena guerra, debí hacer salidas al servicio de la causa republicana que son pasos de mi vida en que el «viaje» bien merece ser designado, a la manera clásica, con la palabra «trabajos».

Y ¿qué decir luego del consiguiente exilio? Yo me he esforzado por desdramatizar el mío; pero, después de todo, perder cuanto uno posee para verse despojado de su propia historia personal y lanzado hacia un futuro incierto, en viaje hacia lo desconocido, no deja de ser una experiencia donde la metáfora adquiere tremenda realidad. El *voyage autour de ma chambre* se convierte entonces para el escritor en un *voyage au bout de la nuit*.

Pasaron años, y con su paso le cupo a cada uno reconstruir su vida personal; cada cual pudo seguir adelante el camino de su vida, continuar el viaje. Y así, instalado en América –Argentina primero, Brasil, después Puerto Rico y los Estados Unidos–, no tardaría demasiado en llegar para mí el momento en que, desde el Nuevo Mundo, me fuera dado regresar a una Europa ya en vías de reconstrucción. Extraños me eran ahora aun aquellos países antes conocidos por mí, pues ¿cómo identificar a la Francia desmoralizada de la preguerra donde algunas difíciles gestiones hube de hacer durante nuestro conflicto civil, con la Francia que empezaba a recuperarse tan felizmente; cómo identificar a la hambreada y frenética Alemania nazi, con esta nueva Alemania cuya pujanza económica le procuraba tan ostentosa prosperidad? Recorrí Italia, donde antes nunca había estado; volví a Checoslovaquia, donde había servido como diplomático durante breve lapso… Visité el Próximo Oriente, me extendí hasta el interior de Asia… Fueron, en años sucesivos, viajes que emprendía movido por mi antiguo interés de ver y observar el mundo, mientras aguardaba las condiciones que me permitiesen regresar sin riesgo de mi persona a la España franquista. Y por fin, llegado el año 1960, entendí que ya podría hacerlo. Vine, pues, y sin hacerme notar atravesé esta entonces todavía tan deprimida Península, reeditando así en mí la condición de *El peregrino en su patria*.

A nadie se le escapará que este nuevo viaje, al insertar su peripecia en el curso del viaje de mi vida, hacía coincidir a fondo una vez más –o mejor: fundir en unidad– la realidad y su consabida metáfora. La vida es un viaje –un viaje muy largo, en mi caso personal– con jornadas de vario signo, y es bueno a la postre pararse a contemplar el camino recorrido. Que el lector me perdone por haber acudido a mi propia experiencia viajera para ilustrar esa metáfora perenne. Era, al fin y al cabo, lo que más a mano tenía.

Madrid, verano de 1991

Dos prólogos
de Cervantes y Unamuno

El ingenioso hidalgo don Quijote de la Mancha (1605)

Miguel de Cervantes

Desocupado lector: sin juramento me podrás creer que quisiera que este libro, como hijo del entendimiento, fuera el más hermoso, el más gallardo y más discreto que pudiera imaginarse. Pero no he podido yo contravenir al orden de naturaleza; que en ella cada cosa engendra su semejante. Y así, ¿qué podrá engendrar el estéril y mal cultivado ingenio mío, sino la historia de un hijo seco, avellanado, antojadizo y lleno de pensamientos varios y nunca imaginados de otro alguno, bien como quien se engendró en una cárcel, donde toda incomodidad tiene su asiento y donde todo triste ruido hace su habitación? El sosiego, el lugar apacible, la amenidad de los campos, la serenidad de los cielos, el murmurar de las fuentes, la quietud del espíritu son grande parte para que las musas más estériles se muestren fecundas y ofrezcan partos al mundo que le colmen de maravilla y de contento. Acontece tener un padre un hijo feo y sin gracia alguna, y el amor que le tiene le pone una venda en los ojos para que no vea sus faltas, antes las juzga por discreciones y lindezas y las cuenta a sus amigos por agudezas y donaires. Pero yo, que, aunque parezco padre, soy padrastro de don Quijote, no quiero irme con la corriente del uso, ni suplicarte, casi con las lágrimas en los ojos, como otros hacen, lector carísimo, que perdones o disimules las faltas que en este mi hijo vieres; y ni eres su pariente ni su amigo, y tienes tu alma en tu cuerpo y tu libre albedrío como el más pintado, y estás en tu casa, donde eres señor della, como el rey de sus alcabalas, y sabes lo que comúnmente se dice: que debajo de mi manto, al rey mato. Todo lo cual te esenta y hace libre de todo respeto y obligación; y así, puedes decir de la historia todo aquello que te pareciere, sin temor que te calunien por el mal ni te premien por el bien que dijeres della.

Solo quisiera dártela monda y desnuda, sin el ornato de prólogo, ni de la inumerabilidad y catálogo de los acostumbrados sonetos, epigramas y elogios que al principio de los libros suelen ponerse. Porque te sé decir que, aunque me costó algún trabajo componerla, ninguno tuve por mayor que hacer esta prefación que vas leyendo. Muchas veces tomé la pluma para escribille y muchas la dejé, por no saber lo que escribiría; y, estando una suspenso, con el papel delante, la pluma en la oreja, el codo en el bufete y la mano en la mejilla, pensando lo que diría, entró a deshora un amigo mío, gracioso y bien entendido, el cual, viéndome tan imaginativo, me preguntó la causa; y, no encubriéndosela yo, le dije que pensaba en el prólogo que había de hacer a la historia de don Quijote, y que me tenía de suerte que ni quería hacerle, ni menos sacar a luz las hazañas de tan noble caballero.

—Porque, ¿cómo queréis vos que no me tenga confuso el qué dirá el antiguo legislador que llaman vulgo cuando vea que, al cabo de tantos años como ha que duermo en el silencio del olvido, salgo ahora, con todos mis años a cuestas, con una leyenda seca como un esparto, ajena de invención, menguada de estilo, pobre de concetos y falta de toda erudición y doctrina; sin acotaciones en las márgenes y sin anotaciones en el fin del libro, como veo que están otros libros, aunque sean fabulosos y profanos, tan llenos de sentencias de Aristóteles, de Platón y de toda la caterva de filósofos, que admiran a los leyentes y tienen a sus autores por hombres leídos, eruditos y elocuentes? Pues ¿qué, cuando citan la Divina Escritura? No dirán sino que son unos santos Tomases y otros doctores de la Iglesia; guardando en esto un decoro tan ingenioso, que en un renglón han pintado un enamorado destraído y en otro hacen un sermoncico cristiano, que es un contento y un regalo oílle o leelle. De todo esto ha de carecer mi libro, porque ni tengo qué acotar en el margen, ni qué anotar en el fin, ni menos sé qué autores sigo en él, para ponerlos al principio, como hacen todos, por las letras del abecé, comenzando en Aristóteles y acabando en Xenofonte y en Zoílo o Zeuxis, aunque fue maldiciente el uno y pintor el otro. También ha de carecer mi libro de sonetos al principio, a lo menos de sonetos cuyos autores sean duques, marqueses, condes, obispos, damas o poetas celebérrimos; aunque, si yo los pidiese a dos o tres oficiales amigos, yo sé que me los darían, y tales, que no les igualasen los de aquellos que tienen más nombre en nuestra España. En fin, señor y amigo mío –proseguí–, yo determino que el señor don Quijote se quede sepultado en sus archivos en la Mancha, hasta que el cielo depare quien le adorne de tantas cosas como le faltan; porque yo me hallo incapaz de remediarlas, por mi insuficiencia y pocas letras, y porque naturalmente soy poltrón y perezoso de andarme buscando autores que digan lo que yo me sé decir sin ellos. De aquí nace la suspensión y elevamiento, amigo, en que me hallastes; bastante causa para ponerme en ella la que de mí habéis oído.

Oyendo lo cual mi amigo, dándose una palmada en la frente y disparando en una carga de risa, me dijo:

–Por Dios, hermano, que agora me acabo de desengañar de un engaño en que he estado todo el mucho tiempo que ha que os conozco, en el cual siempre os he tenido por discreto y prudente en todas vuestras aciones. Pero agora veo que estáis tan lejos de serlo como lo está el cielo de la tierra. ¿Cómo que es posible que cosas de tan poco momento y tan fáciles de remediar puedan tener fuerzas de suspender y absortar un ingenio tan maduro como el vuestro, y tan hecho a romper y atropellar por otras dificultades mayores? A la fe, esto no nace de falta de habilidad, sino de sobra de pereza y penuria de discurso. ¿Queréis ver si es verdad lo que digo? Pues estadme atento y veréis cómo, en un abrir y cerrar de ojos, confundo todas vuestras dificultades y remedio todas las faltas que decís que os suspenden y acobardan para dejar de sacar a la luz del mundo la historia de vuestro famoso don Quijote, luz y espejo de toda la caballería andante.

—Decid —le repliqué yo, oyendo lo que me decía—: ¿de qué modo pensáis llenar el vacío de mi temor y reducir a claridad el caos de mi confusión?

A lo cual él dijo:

—Lo primero en que reparáis de los sonetos, epigramas o elogios que os faltan para el principio, y que sean de personajes graves y de título, se puede remediar en que vos mesmo toméis algún trabajo en hacerlos, y después los podéis bautizar y poner el nombre que quisiéredes, ahijándolos al Preste Juan de las Indias o al Emperador de Trapisonda, de quien yo sé que hay noticia que fueron famosos poetas; y cuando no lo hayan sido y hubiere algunos pedantes y bachilleres que por detrás os muerdan y murmuren desta verdad, no se os dé dos maravedís; porque, ya que os averigüen la mentira, no os han de cortar la mano con que lo escribistes. En lo de citar en las márgenes los libros y autores de donde sacáredes las sentencias y dichos que pusiéredes en vuestra historia, no hay más sino hacer, de manera que venga a pelo, algunas sentencias o latines que vos sepáis de memoria, o, a lo menos, que os cuesten poco trabajo el buscalle; como será poner, tratando de libertad y cautiverio:

Non bene pro toto libertas venditur auro.

Y luego, en el margen, citar a Horacio o a quien lo dijo. Si tratáredes del poder de la muerte, acudir luego con:

Pal[l]ida mors aequo pulsat pede pauperum tabernas
Regumque turres.

Si de la amistad y amor que Dios manda que se tenga al enemigo, entraros luego al punto por la Escritura Divina, que lo podéis hacer con tantico de curiosidad, y decir las palabras, por lo menos, del mismo Dios: *Ego autem dico vobis: diligite inimicos vestros.* Si tratáredes de malos pensamientos, acudid con el Evangelio: *De corde exeunt cogitationes malae.* Si de la instabilidad de los amigos, ahí está Catón, que os dará su dístico:

Donec eris felix, multos numerabis amicos.
Tempora si fuerint nubila, solus eris.

Y con estos latinicos y otros tales os tendrán siquiera por gramático, que el serlo no es de poca honra y provecho el día de hoy. En lo que toca el poner anotaciones al fin del libro, seguramente lo podéis hacer desta manera: si nombráis algún gigante en vuestro libro, hacelde que sea el gigante Golías, y con solo esto, que os costará casi nada, tenéis una grande anotación, pues podéis poner: «El gigante Golías, o Goliat, fue un filisteo a quien el pastor David mató de una gran pedrada en el valle de Terebinto, según se cuenta en el Libro de los Reyes, en el capítulo que vos halláredes que se escribe». Tras esto, para mostraros hombre erudito en letras humanas y cosmógrafo, haced de modo como en vuestra historia se nombre el río Tajo, y vereisos luego con otra famosa anotación, poniendo: «El río Tajo fue así dicho por un rey de las Españas; tiene su nacimiento en tal lugar y muere en el mar océano, besando los muros de la famosa ciudad de Lisboa; y es opinión que tiene las arenas de oro, etc.». Si tratáredes de ladrones, yo os diré la historia de Caco, que la sé de coro; si de mujeres rameras, ahí está el obispo de Mondoñedo, que os prestará a Lamia, Laida y Flora, cuya anotación os dará gran crédito; si de crueles, Ovidio os entregará a Medea; si de encantadores y hechiceras, Homero tiene a Calipso, y Virgilio a Circe; si de capitanes valerosos, el mesmo Julio César os prestará a sí mismo en sus *Comentarios*, y Plutarco os dará mil Alejandros. Si tratáredes de amores, con dos onzas que sepáis de la lengua toscana, toparéis con León Hebreo, que os hincha las medidas. Y si no queréis andaros por tierras extrañas, en vuestra casa tenéis a Fonseca, *Del amor de Dios,* donde se cifra todo lo que vos y el más ingenioso acertare a desear en tal materia. En resolución, no hay más sino que vos procuréis nombrar estos nombres, o tocar estas historias en la vuestra, que aquí he dicho, y dejadme a mí el cargo de poner las anotaciones y acotaciones; que yo os voto a tal de llenaros las márgenes y de gastar cuatro pliegos en el fin del libro. Vengamos ahora a la citación de los autores que los otros libros tienen, que en el vuestro os faltan. El remedio que esto tiene es muy fácil, porque no habéis de hacer otra cosa que buscar un libro que los acote todos, desde la A hasta la Z, como vos decís. Pues ese mismo abecedario pondréis vos en vuestro libro; que, puesto que a la clara se vea la mentira, por la poca necesidad que vos teníades de aprovecharos dellos, no importa nada; y quizá alguno habrá tan simple, que crea que de todos os habéis aprovechado en la simple y sencilla historia vuestra; y, cuando no sirva de otra cosa, por lo menos servirá aquel largo catálogo de autores a dar de improviso autoridad al libro. Y más, que no habrá quien se ponga a averiguar si los seguistes o no los seguistes, no yéndole nada en ello. Cuanto más que, si bien caigo en la cuenta, este vuestro libro no tiene necesidad de ninguna cosa de aquellas que vos decís que le falta, porque todo él es una invectiva contra los libros de caballerías, de quien nunca se acordó Aristóteles, ni dijo nada San Basilio, ni alcanzó Cicerón; ni caen debajo de la cuenta de sus fabulosos disparates las puntualidades de la verdad, ni las observaciones de la astrología; ni le son de importancia las medidas geométricas, ni la confutación de los argumentos de quien se sirve la retórica; ni tiene para qué predicar a ninguno, mezclando lo humano con lo divino, que es un género de mezcla de quien no se ha de vestir ningún cristiano entendimiento. Solo tiene que aprovecharse de la imitación en lo que fuere escribiendo; que, cuanto ella fuere más perfecta, tanto mejor será lo que se escribiere. Y, pues esta vuestra escritura no mira a más que a deshacer la autoridad y cabida que en el mundo y en el vulgo tienen los libros de caballerías, no hay para qué andéis mendigando sentencias de filósofos, consejos de la Divina Escritura, fábulas de poetas, oraciones de retóricos, milagros de santos, sino procurar que a la llana, con palabras significantes, honestas y bien colocadas, salga vuestra oración y período sonoro y festivo; pintando, en todo lo que alcanzáredes y fuere posible, vuestra intención, dando a entender vuestros conceptos sin intricarlos y escurecerlos. Procurad también que, leyendo vuestra historia, el melancólico se mueva a risa, el risueño la acreciente, el simple no se enfade, el discreto se admire de la invención, el grave no la desprecie, ni el prudente deje de alabarla. En efecto, llevad la mira puesta a derribar la máquina mal fundada destos caballerescos libros, aborrecidos de tantos y alabados de muchos más; que si esto alcanzásedes, no habríades alcanzado poco.

Con silencio grande estuve escuchando lo que mi amigo me decía, y de tal manera se imprimieron en mí sus razones que, sin ponerlas en disputa, las aprobé por buenas y de ellas mismas quise hacer este prólogo; en el cual verás, lector suave, la discreción de mi amigo, la buena ventura mía en hallar en tiempo tan necesitado tal consejero, y el alivio tuyo en hallar tan sincera y tan sin revueltas la historia del famoso don Quijote de la Mancha, de quien hay opinión, por todos los habitadores del distrito del campo de Montiel, que fue el más casto enamorado y el más valiente caballero que de muchos años a esta parte se vio en aquellos contornos. Yo no quiero encarecerte el servicio que te hago en darte a conocer tan noble y tan honrado caballero, pero quiero que me agradezcas el conocimiento que tendrás del famoso Sancho Panza, su escudero, en quien, a mi parecer, te doy cifradas todas las gracias escuderiles que en la caterva de los libros vanos de caballerías están esparcidas. Y con esto, Dios te dé salud y a mí no olvide. *Vale.*

Niebla (1907)
Miguel de Unamuno

Se empeña don Miguel de Unamuno en que ponga yo un prólogo a este su libro en que relata la tan lamentable historia de mi buen amigo Augusto Pérez y su misteriosa muerte, y yo no puedo menos sino escribirlo, porque los deseos del señor Unamuno son para mí mandatos en la más genuina acepción de este vocablo. Sin haber yo llegado al extremo de escepticismo hamletiano de mi pobre amigo Pérez, que llegó hasta a dudar de su propia existencia, estoy por lo menos firmemente persuadido de que carezco de eso que los psicólogos llaman libre albedrío, aunque para mi consuelo creo también que tampoco goza don Miguel de él.

Parecerá acaso extraño a alguno de nuestros lectores que sea yo, un perfecto desconocido en la república de las letras españolas, quien prologue un libro de don Miguel, que es ya ventajosamente conocido en ella, cuando la costumbre es que sean los escritores más conocidos los que hagan en los prólogos la presentación de aquellos otros que lo sean menos. Pero es que nos hemos puesto de acuerdo don Miguel y yo para alterar esta perniciosa costumbre, invirtiendo los términos, y que sea el desconocido el que al conocido presente. Porque en rigor los libros más se compran por el cuerpo del texto que no por el prólogo, y es natural, por lo tanto, que cuando un joven principiante, como yo, desee darse a conocer, en vez de pedir a un veterano de las letras que le escriba un prólogo de presentación debe rogarle que le permita ponérselo a una de sus obras. Y esto es a la vez resolver uno de los problemas de ese eterno pleito de los jóvenes y los viejos.

Únenme, además, no pocos lazos con don Miguel de Unamuno. Aparte de que este señor saca a relucir en este libro, sea novela o *nivola* –y conste que esto de la *nivola* es invención mía–, no pocos dichos y conversaciones que con el malogrado Augusto Pérez tuve, y que narra también en ella la historia del nacimiento de mi tardío hijo Victorcito, parece que tengo algún lejano parentesco con don Miguel, ya que mi apellido es el de uno de sus antepasados, según doctísimas investigaciones genealógicas de mi amigo Antolín S. Paparrigópulos, tan conocido en el mundo de la erudición.

Yo no puedo prever ni la acogida que esta *nivola* obtendrá de parte del público que lee a don Miguel, ni cómo se la tomarán a este. Hace algún tiempo que vengo siguiendo con alguna atención la lucha que don Miguel ha entablado con la ingenuidad pública y estoy verdaderamente asombrado de lo profunda y cándida que es esta. Con ocasión de sus artículos en el *Mundo Gráfico* y alguna otra publicación análoga, ha recibido don Miguel algunas cartas y recortes de periódicos de provincias que ponen de manifiesto los tesoros de candidez ingenua y de simplicidad palomina que todavía se conservan en nuestro pueblo. Una vez comentan aquella su frase de que el señor Cervantes (don Miguel) no carecía de algún ingenio, y parece se escandalizan de la irreverencia; otra se enternecen por esas melancólicas reflexiones sobre la caída de las hojas; ya se entusiasman por su grito ¡guerra a la guerra! que le arrancó el dolor de ver que los hombres se mueren aunque no los maten; ya reproducen aquel puñado de verdades no paradójicas que publicó después de haberlas recogido por todos los cafés, círculos y cotarrillos, donde andaban podridas de puro manoseadas y hediendo a ramplonería ambiente, por lo que las reconocieron como suyas los que las reprodujeron, y hasta ha habido palomilla sin hiel que se ha indignado de que este

logómaco de don Miguel escriba algunas veces Kultura con K mayúscula, y después de atribuirse habilidad para inventar amenidades,
reconozca ser incapaz de producir colmos y juegos de palabras, pues
sabido es que para este público ingenuo, el ingenio y la amenidad
se reducen a eso: a los colmos y a los juegos de palabras.

Y menos mal que ese ingenuo público no parece haberse dado
cuenta de alguna otra de las diabluras de don Miguel, a quien a
menudo le pasa lo de pasarse de listo, como es aquello de escribir
un artículo y luego subrayar al azar unas palabras cualesquiera de
él, invirtiendo las cuartillas para no poder fijarse en cuáles lo hacía.
Cuando me lo contó, le pregunté por qué había hecho eso, y me
dijo: «¡Qué sé yo…, por buen humor! ¡Por hacer una pirueta! ¡Ah,
además porque me encocoran y ponen de mal humor los subrayados
y las palabras en bastardilla! ¡Eso es insultar al lector, es llamarle
torpe, es decirle: fíjate, hombre, fíjate, que aquí hay intención! ¡Y
por eso le recomendaba yo a un señor que escribiese sus artículos
todo en bastardilla para que el público se diese cuenta de que eran
intencionadísimos desde la primera palabra a la última! Eso no es
más que la pantomima de los escritos; querer sustituir en ellos con
el gesto lo que no se expresa con el acento y entonación. Y fíjate,
amigo Víctor, en los periódicos de la extrema derecha, de eso que
llamamos integrismo, y verás cómo abusan de la bastardilla, de
la versalita, de las mayúsculas, de las admiraciones y de todos los
recursos tipográficos. ¡Pantomima, pantomima, pantomima! Tal es
la simplicidad de sus medios de expresión, o, más bien, tal es la
conciencia que tienen de la ingenua simplicidad de sus lectores. Y
hay que acabar con esta ingenuidad».

Otras veces le he oído sostener a don Miguel que eso que se llama
por ahí humorismo, el legítimo, ni ha prendido en España apenas,
ni es fácil que en ella prenda en mucho tiempo. Los que aquí se
llaman humoristas, dice, son satíricos unas veces y otras irónicos,

cuando no puramente festivos. Llamar humorista a Taboada, verbigracia, es abusar del término. Y no hay nada menos humorístico que la sátira áspera, pero clara y transparente, de Quevedo, en la que se ve el sermón en seguida. Como humorista no hemos tenido más que a Cervantes, y si este levantara la cabeza, ¡cómo había de reírse –me decía don Miguel– de los que se indignaron de que yo le reconociese algún imperio, y, sobre todo, cómo se reiría de los ingenuos que han tomado en serio alguna de sus más sutiles tomaduras de pelo! Porque es indudable que entraba en la burla –burla muy en serio– que de los libros de caballería hacía el remedar el estilo de estos, y aquello de «no bien el rubicundo Febo, etc.» que como modelo de estilo presentan algunos ingenuos cervantistas, no pasa de ser una graciosa caricatura del barroquismo literario. Y no digamos nada de aquello de tomar por un modismo lo de «la del alba sería», con que empieza un capítulo, cuando el anterior acaba con la palabra *hora*.

Nuestro público, como todo público poco culto, es naturalmente receloso, lo mismo que lo es nuestro pueblo. Aquí nadie quiere que le tomen el pelo, ni hacer el primo, ni que se queden con él, y así, en cuanto alguien le habla, quiere saber desde luego a qué atenerse o si lo hace en broma o en serio. Dudo que en otro pueblo alguno moleste tanto el que se mezclen las burlas con las veras, y en cuanto a eso de que no se sepa bien si una cosa va o no en serio, ¿quién de nosotros lo soporta? Y es mucho más difícil que un receloso español de término medio se dé cuenta de que una cosa está dicha en serio y en broma a la vez, de veras y de burlas, y bajo el mismo respecto.

Don Miguel tiene la preocupación del bufo trágico, y me ha dicho más de una vez que no quisiera morirse sin haber escrito una bufonada trágica o una tragedia bufa, pero no en que lo bufo o grotesco y lo trágico estén mezclados o yuxtapuestos, sino fundidos y confundidos en uno. Y como yo le hiciese observar que eso no es sino el más desenfrenado romanticismo, me contestó: «No lo niego, pero con poner motes a las cosas no se resuelve nada. A pesar de mis más de veinte años de profesar la enseñanza de los clásicos, el clasicismo que se opone al romanticismo no me ha entrado. Dicen que lo helénico es distinguir, definir, separar; pues lo mío es indefinir, confundir».

Y el fondo de esto no es más que una concepción, o mejor aún que concepción, un sentimiento de la vida que no me atrevo a llamar pesimista porque sé que esta palabra no le gusta a don Miguel. Es su idea fija, monomaniaca, de que si su alma no es inmortal y no lo son las almas de los demás hombres y aun de todas las cosas, e inmortales en el sentido mismo en que las creían ser los ingenuos católicos de la Edad Media, entonces, si no es así, nada vale nada ni hay esfuerzo que merezca la pena. Y de aquí la doctrina del tedio de Leopardi después que pereció su engaño extremo,

ch'io eterno mi credei

de creerse eterno. Y esto explica que tres de los autores más favoritos de don Miguel sean Sénancour, Quental y Leopardi.

Pero este adusto y áspero humorismo confusionista, además de herir la recelosidad de nuestras gentes, que quieren saber desde que uno se dirige a ellas a qué atenerse, molesta a no pocos. Quieren reírse, pero es para hacer mejor la digestión y para distraer las penas, no para devolver lo que indebidamente se hubiesen tragado y que puede indigestárseles, ni mucho menos para digerir las penas. Y don Miguel se empeña en que si se ha de hacer reír a las gentes, debe ser no para que con las contracciones del diafragma ayuden a la digestión, sino para que vomiten lo que hubieran engullido, pues se ve más claro el sentido de la vida y del universo con el estómago vacío de golosinas y excesivos manjares. Y no admite eso de la ironía sin hiel ni del humorismo discreto, pues dice que donde no hay alguna hiel no hay ironía y que la discreción está reñida con el humorismo, o, como él se complace en llamarle: malhumorismo.

Todo lo cual le lleva a una tarea muy desagradable y poco agradecida, de la que dice que no es sino un masaje de la ingenuidad pública, a ver si el ingenio colectivo de nuestro pueblo se va agilizando y sutilizando poco a poco. Porque le saca de sus casillas el que digan que nuestro pueblo, sobre todo el meridional, es ingenioso. «Pueblo que se recrea en las corridas de toros y halla variedad y amenidad en ese espectáculo sencillísimo está juzgado en cuanto a mentalidad», dice. Y agrega que no puede haber mentalidad más simple y más córnea que la de un aficionado. ¡Vaya usted con paradojas más o menos humorísticas al que acaba de entusiasmarse con una estocada de Vicente Pastor! Y abomina del género festivo de los revisteros de toros, sacerdotes del juego de vocablos y de toda la bazofia del ingenio de puchero.

Si a esto se añade los juegos de conceptos metafísicos en que se complace, se comprenderá que haya muchas gentes que se aparten con disgusto de su lectura, los unos porque tales cosas les levantan dolor de cabeza, y los otros porque, atentos a lo de que *sancta sancte tractanda sunt,* lo santo ha de tratarse santamente, estiman que esos conceptos no deben dar materia para burlas y jugueteos. Mas él dice a esto que no sabe por qué han de pretender que se traten en serio ciertas cosas los hijos espirituales de quienes se burlaron de las más santas, es decir, de las más consoladoras creencias y esperanzas de sus hermanos. Si ha habido quien se ha burlado de Dios, ¿por qué no hemos de burlarnos de la Razón, de la Ciencia y hasta de la Verdad? Y si nos han arrebatado nuestra más cara y más íntima esperanza vital, ¿por qué no hemos de confundirlo todo para matar el tiempo y la eternidad y para vengarnos?

Fácil es también que salga diciendo alguno que hay en este libro pasajes escabrosos, o, si se quiere, pornográficos; pero ya don Miguel ha tenido buen cuidado de hacerme decir a mí algo al respecto en el curso de esta *nivola*. Y está dispuesto a protestar de esa imputación y a sostener que las crudezas que aquí pueden hallarse, ni llevan intención de halagar apetitos de la carne pecadora, ni tienen otro objeto que ser punto de arranque imaginativo para otras consideraciones.

Su repulsión a toda forma de pornografía es bien conocida por cuantos le conocen. Y no solo por las corrientes razones morales, sino porque estima que la preocupación libidinosa es lo que más estraga la inteligencia. Los escritores pornográficos, o simplemente eróticos, le parecen los menos inteligentes, los más pobres de ingenio, los más tontos, en fin. Se ha oído decir que de los tres vicios de la clásica terna de ellos: las mujeres, el juego y el vino, los dos primeros estropean más la mente que el tercero. Y conste que don Miguel no bebe más que agua. «A un borracho se le puede hablar –me decía una vez– y hasta dice cosas; pero ¿quién resiste la conversación de un jugador o un mujeriego? No hay por debajo de ella sino la de un aficionado a toros, colmo y copete de la estupidez.»

No me extraña a mí, por otra parte, este consorcio de lo erótico con lo metafísico, pues creo saber que nuestros pueblos empezaron siendo, como sus literaturas nos lo muestran, guerreros y religiosos, para pasar más tarde a eróticos y metafísicos. El culto a la mujer coincidió con el culto a las sutilezas conceptistas. En el albor espiritual de nuestros pueblos, en efecto, en la Edad Media, la sociedad bárbara sentía la exaltación religiosa y aun mística y la guerrera –la espada lleva cruz en el puño–; pero la mujer ocupaba muy poco y muy secundario lugar en su imaginación, y las ideas estrictamente filosóficas dormitaban, envueltas en teología, en los claustros conventuales. Lo erótico y lo metafísico se desarrollan a la par. La religión es guerrera; la metafísica es erótica o voluptuosa.

Es la religiosidad lo que le hace al hombre ser belicoso o combativo, o bien es la combatividad la que le hace religioso, y por otro lado es el instinto metafísico, la curiosidad de saber lo que no nos importa, el pecado original, en fin, lo que le hace sensual al hombre, o bien es la sensualidad la que, como a Eva, le despierta el instinto metafísico, el ansia de conocer la ciencia del bien y del mal. Y luego hay la mística, una metafísica de la religión que nace de la sensualidad de la combatividad.

Bien sabía esto aquella cortesana ateniense, Teodota, de que Jenofonte nos cuenta en sus *Recuerdos* la conversación que con Sócrates tuvo, y que proponía al filósofo, encantada de su modo de investigar, o más de partear la verdad, que se convirtiera en celestino de ella y le ayudase a cazar amigos. (*Synthérates*, con-cazador, dice el texto, según don Miguel, profesor de griego, que es a quien debo esta interesantísima y tan reveladora noticia.) Y en toda aquella interesantísima conversación entre Teodota, la cortesana, y Sócrates, el filósofo partero, se ve bien claro el íntimo parentesco que hay entre ambos oficios, y cómo la filosofía es en grande y buena parte lenocinio, y el lenocinio es también filosofía.

Y si todo esto no es así como digo, no se me negará al menos que es ingenioso, y basta.

No se me oculta, por otra parte, que no estará conforme con esa mi distinción entre religión y belicosidad de un lado y filosofía y erótica de otro, mi querido maestro don Fulgencio Entrambosmares del Aquilón, de quien don Miguel ha dado tan circunstanciada noticia en su novela o *nivola Amor y pedagogía*. Presumo que el ilustre autor del *Ars magna combinatoria* establecerá: una religión guerrera y una religión erótica, una metafísica guerrera y otra erótica, un erotismo religioso y un erotismo metafísico, un belicosismo metafísico y otro religioso, y, por otra parte, una religión metafísica y una metafísica religiosa, un erotismo guerrero y un belicosismo erótico;

todo esto aparte de la religión religiosa, la metafísica metafísica, el erotismo erótico y el belicosismo belicoso. Lo que hace dieciséis combinaciones binarias. ¡Y no digo nada de las ternarias del género; verbigracia, de una religión metafísico-erótica o de una metafísica guerrero-religiosa! Pero yo no tengo ni el inagotable ingenio combinatorio de don Fulgencio ni menos el ímpetu confusionista e indefinicionista de don Miguel.

Mucho se me ocurre atañedero al inesperado final de este relato y a la versión que en él da don Miguel de la muerte de mi desgraciado amigo Augusto, versión que estimo errónea; pero no es cosa de que me ponga yo ahora aquí a discutir en este prólogo con mi prologado. Pero debo hacer constar en descargo de mi conciencia que estoy profundamente convencido de que Augusto Pérez, cumpliendo el propósito de suicidarse, que me comunicó en la última entrevista que con él tuve, se suicidó realmente y de hecho, y no solo idealmente y de deseo. Creo tener pruebas fehacientes en apoyo de mi opinión; tantas y tales pruebas, que deja de ser opinión para llegar a conocimiento.

Y con esto acabo.

Víctor Goti